일러두기

· 별개의 종인 '서부고릴라'와 '동부고릴라'는 '고릴라속'에 포함됩니다. 이 책에서는 두 종을 구분해 서술할 필요가 없을 때 모두 '고릴라'로 지칭했습니다. 별개의 종인 '보르네오오랑우탄'과 '수마트라오랑우탄'은 '오랑우탄속'에 포함되며, 두 종을 구분하지 않을 때는 모두 '오랑우탄'으로 지칭했습니다. '보노보'와 '침팬지'는 모두 종명입니다.
· 고릴라의 아종은 '서부로랜드고릴라', '크로스강고릴라', '동부로랜드고릴라', '마운틴고릴라'로 표기했습니다.
· 외국 지명과 인명, 생물종의 이름은 국립국어원의 외래어 표기법을 따르되 관용적인 표기와 동떨어진 경우는 관례에 따랐습니다.
· 각종 수치와 연도 등의 정보는 두산백과사전 두피디아와 브리태니커 백과사전 등을 참조하였습니다.
· *표기된 이름은 고릴라 연구사에서 알아 둘 만한 인물로 〈참고 자료〉에 소개 정보를 실었습니다.
· 주는 모두 저자 주입니다.

지식은 내 친구 015

고릴라에게서 평화를 배우다

2024년 9월 10일 초판 11쇄 펴냄 | 2018년 2월 12일 초판 1쇄 펴냄
글 김황 | 그림 김은주
펴낸이 박강희 | 펴낸곳 논장 | 등록 제10-172호·1987년 12월 18일
주소 10881 경기도 파주시 회동길 329 | 전화 031-955-9164 | 전송 031-955-9166
제조국명 대한민국 | 사용연령 8세 이상 | 주의사항 종이에 베이거나 긁히지 않도록 조심하세요.
ISBN 978-89-8414-309-8 73490
ⓒ 김황·김은주, 2018

· 책값은 뒤표지에 있습니다.
· 잘못 만들어진 책은 구입한 서점에서 바꾸어 드립니다.
· 이 책의 내용을 쓰려면 반드시 저작권자와 논장의 서면 동의를 받아야 합니다.
· 이 도서는 2017년 경기도 출판콘텐츠 제작지원사업 선정작입니다.

이 도서의 국립중앙도서관 출판예정도서목록은(CIP)는 서지정보유통지원시스템 홈페이지(http://seoji.nl.go.kr)와 국가자료공동목록시스템(http://www.nl.go.kr/kolisnet)에서 이용하실 수 있습니다. (CIP 제어번호:2018002588)

고릴라에게서 평화를 배우다

김황 글 | 김은주 그림

| 차례 |

1 오해받아 온 100년

어린이를 구한 '빈티'와 '잠보' • 008
수화로 이야기하는 '코코' • 014
    코코의 수화
    고릴라는 자신을 알아보지 못한다는 오명을 씻어 낸 코코
맨 처음 고릴라는 어떻게 발견되었을까? • 022
고릴라는 '진화론'의 희생자 • 025
    동물원에서 오랑우탄을 만난 다윈
영화 〈킹콩〉이 퍼트린 흉악한 괴물 이미지 • 031
오해를 푸는 데 걸린 100년 • 034
    동물원에서 태어난 첫 고릴라, 콜로
고릴라는 진화해서 언젠가는 인간이 되나요? • 039
    〈서울대공원 취재기〉 고리나의 새 신랑 찾기 프로젝트
    우린 '고리롱'을 잊지 않아!

2 고릴라는 어떤 동물?

서쪽의 고릴라, 동쪽의 고릴라 • 048
고릴라의 종류와 사는 곳 • 050
이것이 고릴라의 몸이다! • 052
    고릴라는 '너클 보행'으로 걸어
무리의 리더 '실버백' • 057
고기를 안 먹는 '채식주의자' • 061
먹고, 자고, 이동하고 – 고릴라의 하루 • 064
    고릴라 생활 계획표
고릴라의 '말' • 067
드러밍의 진짜 의미 • 073

3 우리는 어째서 고릴라를 연구할까?

인간과 영장류의 공통점 · 078
인간과 유인원은 언제 갈라졌을까? · 082
    인간과 유인원의 계통수
인간과 유인원의 결정적 차이는? · 085
아프리카에서 발견된 인류의 조상들 · 087
    '필트다운인' 화석 위조 사건
우리는 어째서 유인원을 연구할까? · 091
고릴라와 친구가 된 다이앤 포시 · 093

4 고릴라는 평화주의자

고릴라의 친척들 · 104
    모성을 되찾은 오랑우탄 '보미'
    침팬지에게 바친 생애, 제인 구달
    박물관에서 발견된 보노보
고릴라 무리에는 서열이 없어 · 115
고릴라의 싸움 피하는 기술 · 118
    육아에 적극적인 실버백
고릴라의 위기 · 123
고릴라에게 평화를! · 128

작가의 말

1 오해받아 온 100년

어린이를 구한 '빈티'와 '잠보'

"야생 동물을 잡아먹는 육식 동물."
"사람을 해치는 무서운 맹수."
"힘은 엄청 세지만, 머리는 형편없이 나쁜 머저리."
"생각 없이 바로 감정을 폭발시키는 공격성이 강한 짐승."
"가슴을 세게 두드리면서 싸우자고 덤비는 동물."

어떤 동물을 가리키는 말일까?
맞아, 바로 고릴라야. 사람들은 보통 고릴라를 이렇게 생각하지.
그런데 이 중에 몇 개나 맞는 말일까?
정답은, '하나도 아니야.'란다. 모두 틀렸어. 위 말들 가운데 어느 것도 고릴라의 진정한 모습을 설명하는 말은 없어.

1996년, 미국 일리노이주 시카고 교외에 있는 브룩필드 동물원에서 있었던 일이야.

보통 동물원에서는 이중 삼중의 울타리를 친 우리에 고릴라를 두거나, 우리와 관람객 사이에 깊은 도랑을 만들어 고릴라와 관람객 사이의 거리를 떨어뜨려 놔. 당시 브룩필드 동물원에도 땅을 깊게 파서 만든 우리에 7마리의 고릴라가 있었어. 사람들은 우리 위에 둘러친 울타리 뒤편에서 6미터 밑의 고릴라를 구경했단다.

그러던 중에 아찔한 사고가 일어났어. 울타리에 올라간 세 살배기 어린이가 그만 고릴라 우리로 떨어진 거야. 6미터 아래로. 아이는 떨어지면서 의식을 잃었어. 아이 엄마는 비명을 질렀어. 고릴라처럼 덩치 큰 맹수들 가운데 의식 없는 어린아이 홀로 놓이다니! 그 상황이 무엇을 의미하는지는 누구나 상상할 수 있지. 사람들은 최악의 결말을 머릿속에 떠올릴 수밖에 없었어.

헐레벌떡 달려온 사육사는 울타리 위에서 호스로 물을 뿌리며 고릴라가 아이에게 가까이 가지 못하도록 필사적으로 막았어. 그런데 새끼를 안은 암컷 고릴라 한 마리가 아이에게 다가가기 시작했어. 그러더니 마치 위에서 덮치는 듯한 자세로 기다란 팔로 아이를 안는 거야. 사람들은 소리를 질러 댔어. 상상했던 일이 눈앞에서 벌어질까 봐.

그런데 세상에!

암컷 고릴라 '빈티'가 자기 새끼는 등 쪽으로 돌려 업고 아이를 품에 안은 채 사육사가 드나드는 출입문 앞까지 걸어가는 거야. 18미터 거리였어. 몸집이 큰 다른 수컷 고릴라가 다가오면 크게 소리를 지르며 쫓아 버리면서 말이야. 빈티는 문앞에서 자리를 지키다 사육사가 출입문에 나타나자

 그제야 아이를 살며시 바닥에 내려놓고 자리를 떠났어. 아이는 구급차에 실려 병원으로 옮겨졌고, 4일 동안 입원한 뒤에 무사히 퇴원했단다.
 어때, 놀랍지?
 하지만 고릴라가 아이를 구한 일은 빈티가 처음이 아니야. 영국의 저지 동물원에서도 다섯 살배기 어린이가 관람객과 고릴라를 분리한 콘크리트 울타리를 넘어 고릴라 사육장으로 떨어진 사고가 있었어. 이때 큰 소리로 우는 어린이에게 다가간 건 체중 200킬로그램이 넘는 실버백(고릴라 무리의 리더를 가리키는 말)인 수컷 '잠보'였어. 고릴라 우리 밖에서 지켜보던 사람들은 엄청나게 힘세고 날카로운 송곳니를 가진 고릴라를 보고 두려움에 떨었고.

그런데 잠보 역시 자꾸만 우는 아이의 얼굴을 들여다보면서 다른 고릴라가 가까이 오지 못하도록 지켜 주었어. 고릴라 사육장에 떨어진 어린이는 무사히 구출되었단다.

어때? 앞에서 말한 고릴라에 대한 고정 관념과 고릴라와 사람 사이에 실제로 있었던 일들이 많이 다르지?

이렇게 아이를 구한 고릴라 빈티와 잠보의 이야기를 통해 사람들은 고릴라에 대한 오해를 조금씩 풀어 나갔단다. 빈티나 잠보의 미담은 고릴라가 사람의 행동이나 의도를 어느 정도 이해할 수 있고, 또 상대가 불안해하지 않도록 친화적인 상호 작용을 할 수 있는 능력이 있다는 점을 알려 주었지.

혹시 빈티와 잠보가 고릴라 중에서 특별한 게 아니냐고?

아니. 지금까지 고릴라를 관찰하고 연구한 결과를 통해 대부분의 고릴라는 다른 동물을 습격하지 않고, 싸움을 싫어하는 동물이라는 걸 알게 되었단다.

수화로 이야기하는 '코코'

빈티와 잠보 이야기가 감동적인 이유는 무엇보다도 고릴라가 자기와는 다른 종의 생명을 구했다는 사실이야.

사람과 달리, 개나 고양이 같은 동물들은 다른 동물을 구하려는 행동을 잘 하지 않거든. 위험에 빠진 동물을 봐도 그저 울부짖거나 아무 일 없다는 듯 무관심하기 일쑤지. 그동안에는 다른 동물을 살리는 고도의 능력을 갖춘 존재는 사람뿐이라고 생각해 왔는데, 고릴라에게도 그런 능력이 있다는 걸 빈티와 잠보가 보여 준 거야.

그게 다가 아니야. 고릴라는 소통 능력도 무척 뛰어나단다. 놀랍게도 사람과 정해진 수화*로 소통하고 애완동물을 키운 고릴라도 있어. '코코'라는 암컷 고릴라 이야기야.

코코는 1971년 7월에 미국 샌프란시스코 동물원에서 태어났어. 태어난 지 3개월 때 코코는 병에 걸려 다른 고릴라와 떨어져 혼자 지냈는데, 그때

---
* 본문에서 '수화'는 언어 장애인이 쓰는 일반적인 수화가 아니라, 연구자가 동물과 소통하기 위해 만든 손짓이나 몸짓 같은 사인을 가리키는 말이다.

프랜신 패터슨*이라는 젊은 연구자와 만났어. 패터슨 박사는 1971년부터 스탠퍼드 대학에서 '긴팔원숭이가 과연 거울에 비친 자기 모습을 자신이라고 인식할 수 있을까?' 하는 연구에 참여하고 있었어. 그러던 중 어느 강연에서 수화로 이야기하는 침팬지의 사례를 들었는데, 그 침팬지는 4년 반 동안 132개 단어를 수화로 할 줄 알았다는 거야. 놀라고 감동한 패터슨 박사는 고릴라도 수화가 가능한지 직접 알아보고 싶어서 코코와 함께 실험을 해 보려고 했어.

처음에 동물원 측은 패터슨 박사가 코코를 연구하는 걸 허락하지 않았어. 단 몇 주일 정도 연구를 진행하다 코코를 내버려 둔 채 가 버리면 남겨진 아기 고릴라가 너무나 불쌍하니까. 하지만 박사는 적어도 4, 5년은 코코와 함께 지낼 거라며 간곡하게 부탁했고, 결국은 코코와 함께 생활하는 것을 허락받았단다.

패터슨 박사는 코코와 함께 살면서 점차 코코의 엄마가 되어 갔어. 코코가 한 살이 되자 엄마가 아이에게 차근차근 말을 가르치듯 수화를 가르쳤어. 고릴라에게 수화를 가르치려는 시도는 세상 누구도 해 본 적이 없는 일이었지.

매일 5시간씩 훈련을 받은 코코는 세 살 때에 30개, 여섯 살이 되었을 때는 600개의 단어를 알았어. 코코한테 '당신은 동물, 아니면 인간?'이라고 물으면 '근사하다. 동물, 고릴라.'라고 답한단다.

엄마는 아이에게 다정하게 그림책을 읽어 주지? 패터슨 박사 역시 코코에게 그림책을 읽어 주었어. 코코도 그림책을 좋아했는데 고릴라 그림책을 가장 좋아하고, 그다음에 고양이가 나오는 그림책을 좋아했단다.

코코의 수화

고릴라 가볍게 주먹을 쥐어 가슴 앞에 댄다.

고양이 손가락을 뺨에 대고 수염을 그린다.

고마워 악수하듯이 손을 앞으로 내민다.

사랑해 손을 교차해서 팔을 감싸 안는다.

새 부리처럼 뾰족하게 내민 입에 손가락을 댄다.

원하다 손바닥을 위로 하여 팔을 뻗는다.

빨갛다 (화가 난다.) 검지로 입술연지를 칠하는 몸짓을 한다.

아기 껴안듯이 팔을 모아 좌우로 흔든다.

패터슨 박사는 해마다 코코의 생일이나 크리스마스에 선물을 주었어. 코코는 생일이 어떤 날이지 잘 알고 있었어. '생일에는 뭘 해?'라고 물으면, 코코는 '먹다, 마시다, 나이 들다.'라고 대답했어.

코코가 열두 살 되던 해, 패터슨 박사가 코코에게 '이번 선물은 뭐가 좋을까?'라고 수화로 물으니 코코는 '고양이.'라고 답했어. 그해 겨울 크리스마스 날에 패터슨 박사는 아주 힘이 센 코코도 부수지 못할 만큼 단단한 고양이 장난감을 선물했어. 생일에는 미처 준비를 못 했거든.

그런데 장난감 고양이를 받은 코코는 '이건 빨갛다.'라며 불만스러워하는 거야. '빨갛다.'라는 건 코코가 화가 날 때 쓰는 표현이야.

코코는 왜 화가 났을까?

코코는 장난감이 아니라 살아 있는 진짜 고양이를 받고 싶었던 거야.

그로부터 6개월 뒤에 살아 있는 진짜 고양이 세 마리가 코코에게 왔어. 패터슨 박사가 고양이 세 마리를 데려왔지. 코코는 그중에서 자기처럼 꼬리가 없는 '맹크스'종 고양이를 골랐어. 그러고는 고양이에게 '볼'이라는 이름을 지어 주었단다. 꼬리가 없어서 동그란 '공' 같다는 뜻이었어.

막상 고양이를 선물하긴 했지만 패터슨 박사는 코코가 고양이를 다치게 하지는 않을까 걱정을 했어. 괜한 걱정이었지. 코코는 사랑을 쏟아서 고양이를 열심히 돌봤거든. 고양이 볼도 코코를 전혀 무서워하지 않았고. 가끔 볼이 코코를 물 때가 있었지만 코코는 '고양이, 물다, 싫어.'라고 하면서도 고양이에게는 절대 해코지를 하지 않았어.

코코는 마치 자기 아이처럼 볼을 사랑했어. 엄마 고릴라가 새끼를 안을 때처럼 고양이를 소중히 안았지. 그러고는 패터슨 박사에게 볼 이야기를 자주 했어.

'기쁘다, 왔다.', '장난, 좋아하다.', '폭신폭신하다, 근사하다, 고양이, 고양이.'

그런데…… 그해 12월 어느 날, 사고가 났어. 고양이 볼이 그만 자동차에 치여 죽은 거야. 전혀 생각도 못 한 일에 패터슨 박사는 큰 충격을 받았어. 무엇보다도 이 사실을 코코에게 어떻게 전할까, 코코가 어떻게 받아들일까 걱정이 됐지. 하지만 어쩔 수 없잖아. 박사는 무거운 마음으로 솔직하게 코코에게 말했어. 두 번 다시 볼을 만나지 못한다고. 코코는 가만히 듣고만 있었지.

'아, 내가 한 말의 의미를 이해하지 못하는구나.'

패터슨 박사는 대화를 마치고 코코의 방에서 나갔어. 10분쯤 지났을까. 울음소리가 들려왔어. 아주 슬픈 울음소리, 높고 큰 울음소리는 멈추지 않았어. 바로 코코의 울음소리였어. 패터슨 박사도 함께 울고 말았지.

며칠 후 코코와 패터슨 박사는 볼에 대해 이야기를 나누었어. 코코는 이렇게 이야기했어.

'운다.', '안 보인다.', '잔다, 고양이.'

코코는 고양이 볼의 죽음을 정확하게 이해했던 거야.

이 이야기는 미국 전역에 알려졌어. 코코에게 몇천 통의 편지가 왔고, 대부분 볼의 죽음을 안타까워하며 코코를 격려하는 내용이었지. 거의 모든 편지에 '코코에게 다시 고양이를 보내 주세요.'라고 쓰여 있었어.

다음 해 1월, 패터슨 박사는 코코에게 세 마리의 고양이 그림을 보여 주었어. 이번에도 코코가 선택한 건 꼬리가 없는 고양이 그림이야. 3월이 되었고, 코코가 바라던 꼬리 없는 맹크스종 고양이가 왔어. 코코는 '새끼'라고 하면서 안는 등 열심히 돌보았어. 코코는 다시 고양이와 살게 된 거야.

어때? 놀랍지?

코코는 지능 지수 검사를 한 적이 있어. 놀랍게도 지능 지수 95라는 결과가 나왔는데, 이건 같은 나이인 인간 아이의 지능 지수보다 약간 떨어지는 정도란다. 인간의 아이와 큰 차이가 없다는 이야기야.

코코는 훈련에 순순히 참가하지만은 않았다고 해. 사진을 찍을 테니 웃으라는 말에 코코는 '슬프다, 찡그리다.'라며 수화로 농담을 했지. 코코와 오래 같이 살아온 패터슨 박사는 거짓말을 하거나, 질문을 던지거나, 농담을 하는 행동들이 사람에게서만 볼 수 있는 건 아니라고 확신한단다.

코코는 여섯 살이 넘으면서부터 실험에 비협조적이고 대화에도 순순히 응하지 않았어.

다 자라서 어른이 된 코코는 자신이 선택한 수컷과 함께 살고 있대.

인간은 인간답게, 고릴라는 고릴라답게 사는 게 가장 행복하잖아!

고릴라는 자신을 알아보지 못한다는 오명을 씻어 낸 코코

우리는 거울에 비친 자신의 모습을 보고 당연히 자기라고 알 수 있어. 그런데 다른 동물도 거울 속의 자신을 알아볼까?

아니, 그렇지 않아. 개나 고양이는 거울에 비친 자신을 자기라고 인식하지 못해.

예전에 미국에서 고릴라, 오랑우탄, 침팬지에게 거울 실험을 한 적이 있어. 세 종류의 동물을 마취시킨 뒤 얼굴의 한 부분에 표시를 했지. 그리고 이들이 잠에서 깬 뒤 거울을 보여 주었어. 오랑우탄도 침팬지도 거울에 비친 게 자기라고 인식하고 그 표시를 만졌어. 그런데 고릴라만은 자기 얼굴을 알아본다고 할 수 있는 어떤 행동도 보이지 않았어. 그래서 연구자들은 고릴라가 자기 인식 능력이 없다고 생각했어.

그런데 코코가 이 '상식'을 깨 버렸어. 코코는 거울을 한 손에 쥐고 화장을 하거나 이를 닦는 것도 간단하게 해냈어. 코코의 이런 행동은 고릴라가 오랑우탄이나 침팬지 같은 다른 유인원보다 뒤떨어진다는 오명을 말끔히 씻어 주었지.

덧붙여 이야기하자면 돌고래도 거울에 비친 자신을 알아볼 수 있단다. 돌고래의 지능이 높다는 걸 증명한 거지.

맨 처음 고릴라는 어떻게 발견되었을까?

어때, 빈티, 잠보, 코코 이야기를 들으니 고릴라에 대한 이미지가 많이 달라지지? 돌이켜 보면 고릴라가 위험한 맹수라고 오해를 받은 데는 역사적인 배경이 있어. 우선 '고릴라'란 이름에 담긴 역사부터 알아보자.

기원전 9세기경에 북아프리카에 있는 오늘날의 튀니지 근방에 '카르타고'란 고대 도시 국가가 있었어. 카르타고는 기원전 3세기 전반까지 크게 세력을 떨치다 기원전 146년에 로마에 멸망한 나라야. 이 나라의 탐험가 '항해자 한노*(역사에는 다른 한노가 등장하니, 구별을 위해 '항해자'를 붙였다.)'는 새로운 개척지를 찾기 위해 네 차례에 걸쳐 대여행을 했단다. 항해자 한노는 유럽 대륙과 아프리카 대륙 사이에 있는 지브롤터

해협의 서쪽으로 나가, 북쪽에서 남쪽 방향으로 내려가면서 아프리카 대륙 서쪽 연안을 탐험했어. 그리고 그 과정을 항해 기록에 남겼어.

그 기록에 따르면, 기원전 470년 오늘날의 시에라리온이 있는 아프리카 서부 지역 근방에서 현지 통역이 '고릴라이'라고 부르는, 이때까지 본 적이 없던 털북숭이 동물을 잡았다고 해. 고릴라이는 현지어로 '털북숭이 동물'이라는 뜻이야.

그 당시 발견된 동물이 지금 우리가 고릴라라고 부르는 그 동물인지는 확실히 알 수 없어. 어떤 사람은 고릴라가 아니라 침팬지였을 거라고 추측하기도 한단다. 어쨌든 그 뒤 이 책이 다른 언어로 번역되는 과정에서 '고릴라이'가 '고릴라'로 바뀌었고, 이후 그 이름이 굳어졌어.

이야기 속에만 존재하던 고릴라가 실제로 발견된 시기는 항해자 한노의 상륙으로부터 약 2,300년이 지난 1846년이야. 아프리카 가봉에 와 있던 미국의 선교사 윌슨과 새비지*가 이때까지 본 적이 없는 동물의 머리뼈를 해부학자 와이먼*과 오언*에게 보냈어. 역사상 최초의 고릴라 표본인 셈이지. 이 때문에 다음 해인 1847년에 고릴라란 생물의 존재가 처음으로 학계에 보고되었어.

현지 사람들을 제외하고 살아 있는 야생 고릴라와 처음 만난 서양인은 프랑스에서 태어난 미국의 탐험가 폴 뒤 샤이*야. 그는 1856년에 가봉과 콩고를 방문했는데, 여기에서 살아 있는 고릴라를 만난 거야. 고릴라를 처음 만난 탐험가는 자신의 눈앞에 서서 드러밍(두 다리로 서서 가슴을 치는 행동)을 하는 고릴라가 무서워서 총을 쏘아 죽여 버렸어. 고릴라에게 드러밍은 결코 공격의 신호가 아닌데…….

그뿐만 아니라, 샤이는 1861년에 《적도 아프리카 탐험과 모험》이라는 책을 펴내는데, 고릴라를 흉악하고 호전적인 동물이라고 묘사하면서 덧붙였단다.

'고릴라는 가끔 마을에 내려와 처녀를 유괴한다고 한다.'

어째서 샤이는 고릴라를 흉악한 동물로 묘사했을까? 아마도 그 배경에는 1859년에 출판된 찰스 다윈*의 《종의 기원》이 있었던 것 같아. 그건 다음에 구체적으로 이야기할게. 아무튼 이후 고릴라는 사람을 해치는 흉악한 맹수라고 100년이 넘게 오해를 받게 돼.

폴 뒤 샤이의 여행기에 실린 고릴라 그림

고릴라는 '진화론'의 희생자

고릴라를 연구하는 학자들은 고릴라가 나쁜 이미지를 갖게 된 큰 원인 중 하나가 영국의 찰스 다윈이 발표한 '진화론'에 있다고 생각해. 사실, 진화론을 다윈이 처음 주장한 건 아니야. 여러 세기에 걸쳐 꾸준히 제기돼 오다 1809년에 프랑스 생물학자 라마르크*가 근대적 진화론이라고 할 만한 이론을 발표했고, 그로부터 50년 뒤인 1859년에 다윈이 《종의 기원》을 출간하면서 비로소 진화학의 기초를 정립했다고 본단다. 그러니까 오늘날 말하는 진화론은 다윈의 이론을 바탕에 두고 있지.

그럼 다윈이 주장한 진화론이란 어떤 것일까?

간단하게 말하면, 나무가 가지를 뻗어 나가듯 하나의 공통 조상에서 모든 생물 종이 갈라져 나왔다는 내용이야. 지금 볼 수 있는 몇백만이나 되는 종, 그리고 과거에 멸종한 종까지 모두 포함해 억 단위에 가까운 모든 생물이 하나의 기원에서 탄생했다는 학설이지. 오랜 세월에 걸쳐 서로 다른 환경에 맞춰 살아가면서 모습이 달라졌고, 오늘날 우리가 보는 생물의 모습이 되었다는 거야. 그 변화를 '진화'라고 해.

다윈은 자신이 발표한 진화론이 점차 지지를 받자 1871년에 《인간의 유래와 성 선택》이라는 책을 냈어. 이 책에서는 인류의 기원에 대해 신중하고 분명하게 말했지.

'인간도 진화의 법칙에서 결코 예외가 아니다. 과거 아프리카에는 고릴라나 침팬지를 아주 많이 닮은 유인원이 살고 있었을 것이며, 고릴라와 침팬지는 인간과 가장 가까운 유인원이므로 인간의 조상도 아프리카에서 발견할 수 있을 것이다.'

즉 인간과 유인원이 같은 조상에서 분화해 진화하였다고 주장한 거야.

'인간도 결코 특별한 존재가 아니라 자연의 법칙에 따라 다른 동물로부터 생긴 것이다.'라는 진화론은 당시의 세계관에 엄청난 충격을 주었어.

그 당시 사람들은 모든 생물은 다 신이 하나씩 정밀하게 만들었고, 그중에서도 특히 인간은 특별한 존재라고 믿었거든. 게다가 신이 만든 것은 모두 완벽하기 때문에 변화 자체가 있을 수 없다는 생각이 지배적이었어.

1878년 8월 프랑스에서 발행한 한 잡지 표지에 실린 찰스 다윈의 캐리커처. 나무에 매달린 원숭이의 몸에 다윈의 얼굴을 그려 넣었다.

"아니, 그럴 리 없어. 우리가 침팬지나 원숭이 같은 하등한 생명체에서 생겨났다니, 절대 있을 수 없는 일이야."

"맞아. 우린 신이 만드신 특별한 존재야. 우리와 다른 생물을 동등하게 본다는 건 용서할 수 없는 일이야."

진화론에 공포를 느낀 사람들은 진화론을 부정하기 위해 인간과 닮은 고릴라와 인간의 차이를 강조하려고 애썼어. 신이 만든 성스러운 존재인 인간과 정반대 쪽에 있는 악마의 대표라는 나쁜 이미지를 고릴라에게 덮어씌운 거야. 인류의 탄생에 그런 악마 같은 검은 놈이 관련된다는 건 절대 있을 수 없다고 강력하게 강조했지.

왜 하필 고릴라냐고? 그건 당시 사람들이 아프리카에 대해 품었던 편견과 관련 있어.

당시 유럽 사람들은 아프리카에 사는 흑인에 대한 가혹한 차별을 당연하게 여겼어. 흑인들을 노예로 만들고 '신은 야만적인 흑인에게 백인의 노예가 될 운명을 주었다.', '흑인은 게으르기 때문에 강제로 노동을 시켜야 한다.'며 정당화했지. '뒤떨어진 미개 상태에 있는 인종을 우수한 백인이 종교적 박애 정신으로 문명 세계로 끌어올려 주어야 한다.'며 침략도 정당화했고. 유럽인들은 아프리카를 '암흑의 대륙'이라고 여겼거든.

그런데 고릴라 역시 아프리카에서 발견되었잖아. 아프리카와 흑인에 대한 기존의 인식은 고릴라에게 공격적인 이미지를 덧붙이기에 더할 나위 없는 안성맞춤이었지.

아직 유럽에 고릴라의 존재가 알려지기 전에 동남아시아에서 오랑우탄이 먼저 발견되었는데, 당시 유럽 사람들은 '오랑우탄이 여자를 매우 좋아해, 여자가 지나갈 때면 단숨에 나무에서 내려와 유괴해 간다.'는 미신을 믿었어. 그런 소문이 사람들 사이에 뿌리를 내리고 있던 참에 오랑우탄과 비슷하게 생긴 고릴라가 발견된 거야. 사람들은 '암흑의 대륙' 아프리카에 오랑우탄보다 더 무서운 맹수가 있다며, 오랑우탄보다도 더 나쁜 이미지를 고릴라에게 덧씌웠지.

많은 유럽인이 암흑의 대륙에 사는 '검은 악마'를 퇴치한다, 세상에서 없앤다 하면서 앞다투어 아프리카로 떠났어. 그렇게 '고릴라 사냥'이 시작된 거야. 1920년대에 이르면 고릴라 사냥은 최고조에 이르러.

그러면서 '검은 악마'를 생포해 자기 나라로 데려가 동물원에서 구경거리로 만들려는 사람도 나오기 시작했어. 돈과 명성을 한꺼번에 얻을 수 있는 기회라고 생각한 야심만만한 사람들은 현지 밀렵꾼에게 돈을 주고 고릴라를 잡도록 부탁했어. 다 자란 어른 고릴라는 몸도 크고 힘도 세 생포하기 어려우니까 밀렵꾼들은 새끼 고릴라를 잡으려고 했지. 고릴라는 무리 지어 생활하는데, 특히 엄마 고릴라와 무리의 리더인 실버백은 어떤 일이 있어도 도망가거나 새끼를 포기하지 않고 끝까지 싸워. 그러니 새끼 하나를 생포하기 위해서는 무리의 모든 고릴라와 싸울 수밖에. 결국 밀렵꾼들은 새끼 고릴라 한 마리를 생포하기 위해 고릴라 무리 전체를 죽였어. 그러고는 죽은 엄마 곁을 떠나지 않는 새끼 고릴라를 손쉽게 잡아서 팔아넘겼어. 이런 과정에서 엄청나게 많은 고릴라가 총에 맞아 죽었단다.

동물원에서 오랑우탄을 만난 다윈

1835년 영국 런던에서 세계 최초로 침팬지가 동물원에 들어왔어. 사람을 아주 많이 닮은 침팬지는 인기가 높아서 많은 사람이 침팬지를 보려고 동물원에 몰려왔단다. 하지만 그 침팬지는 5개월 만에 죽고 말았어.

1837년, 이번에는 런던 동물원에 세계 최초로 오랑우탄이 전시되었어. '제니'라는 이름을 가진 이 오랑우탄도 오래 살지는 못했어. 그래도 제니는 과학사에 남을 만한 큰 역할을 했어. 1838년 3월 28일, 약 6년간의 연구 여행에서 막 돌아온 찰스 다윈과 만난 거야. 다윈은 갖가지 동물과 식물을 관찰하고 연구했지만 그때까지 유인원을 만난 적은 없었어. 다윈은 당시의 감격을 이렇게 기록했어.

'그 지성, 그 애정 표현, 그 정열을 눈앞에서 보면 사람은 자신의 우월성을 자랑하지 못할 것이다. …… 거만한 사람은 자신을 하느님이 만든 위대한 작품이라고 생각한다. 그런데 더 조심스러운 사람이나 나 같은 사람은 인간이 동물로부터 만들어졌다고 믿는다.'

다윈은 그해에 런던 동물원에서 오랑우탄을 자주 만나며 관찰했어. 거울을 보여 주기도 하고, 간지럼을 태우며 오랑우탄의 반응을 연구했단다. 다윈이 《종의 기원》을 발표한 건 그로부터 20년 후의 일이지만, 아마도 다윈은 이때 만난 오랑우탄에게서 적지 않은 영향을 받지 않았을까?

영화 〈킹콩〉이 퍼트린 흉악한 괴물 이미지

얼마 전까지만 해도 우리나라 사람들이 가진 고릴라에 대한 이미지는 동물을 잡아먹는 '육식 동물', 사람을 해치는 '맹수', '양손으로 가슴을 두드리며 힘을 과시하는 거대한 동물' 등이 지배적이었어.

어째서 고릴라를 이렇게 생각하게 되었을까?

그 바탕에는 세계적으로 성공한 〈킹콩〉이라는 영화가 있다고 할 수 있어. 〈킹콩〉은 1933년에 개봉한 미국 영화인데, 그 영화를 본 여러분의 할아버지, 할머니, 아버지, 어머니 들이 영화 속 고릴라의 이미지를 실제 고릴라의 모습으로 받아들이게 된 거야. 흉악한 고릴라 이미지는 그때 만들어진 거나 마찬가지지.

영화 내용은 이래. 야심가인 영화감독이 남쪽 바다에 있다는 미지의 섬에 촬영 스태프와 배우들을 데리고 가. 그 섬은 공룡을 비롯해 과거에 멸종했다고 알려진 원시 동물들이 그대로 살아 있는 섬이었어. 그곳의 원주민들은 거대한 고릴라 '킹콩'을 숭배했는데, 아름다운 여배우를 보자마자 잡아서는 킹콩에게 산 제물로 바쳐. 킹콩은 한눈에 그 여배우에게 반해 자기

동굴로 데려가 버렸어.

　사람들은 수색대를 만들어서 뒤쫓았고, 여배우의 남자 친구가 활약한 끝에 여배우를 구출했어. 킹콩은 생포되었지. 감독은 킹콩을 미국 뉴욕으로 데려가면 엄청난 구경거리가 되겠다고 생각해. 사람들이 녀석을 보러 몰려들면 백만장자가 될 거라고 말이야. 하지만 감독의 생각과는 달리 킹콩은 강철로 된 쇠사슬을 끊고 탈출해 닥치는 대로 도시를 때려 부수며 돌아다녔어. 그러다 다시 여배우를 납치해 손에 들고는 100층이 넘는 엠파이어 스테이트 빌딩 꼭대기로 올라가.

　군은 전투기를 이용해 강력한 기관총으로 킹콩을 공격해. 공격을 받은 킹콩은 두 다리로 버티고 서서 비행기들을 손으로 부수며 저항하지만, 기관총을 이겨 낼 순 없지. 결국 빌딩 위에 여배우를 내려놓고 자신은 장렬히 죽고 만단다.

　〈킹콩〉은 괴수 영화의 걸작이라는 평가를 받아. 이 영화가 대성공을 거둔 이유는 역시 〈미녀와 야수〉처럼 괴수인 킹콩이 아름다운 여성에게 쏙 반한다는 스토리 덕분이었어. 킹콩의 사랑을 강조하기 위해 사람을 잔인하게 죽이는 장면도 많이 넣었지.

　당시 미국은 세계적인 불경기에 시달렸어. 수많은 실업자가 거리를 누볐지. 자신들이 억압해 온 흑인이 복수할지도 모른다는 막연한 공포까지 느꼈어. 그런 사회적인 불안 심리와 맞물리면서 〈킹콩〉 영화가 대성공을 거두었다는 설도 있단다.

　킹콩이 등장하는 영화는 여러 번 다시 만들어졌어. 〈킹콩〉은 영화사에

남는 명작이라는 평이 있지만 고릴라에게는 너무나 나쁜 영화라는 건 부인할 수 없을 거야. 고릴라에 대한 흉악한 이미지를 널리 퍼뜨리고, 그 이미지를 각인시키는 데 아주 큰 역할을 했으니까.

오해를 푸는 데 걸린 100년

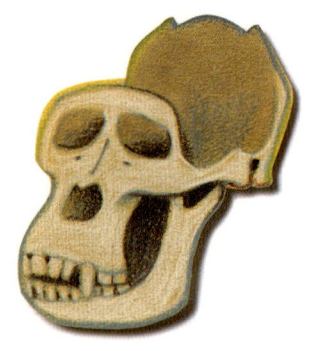

아프리카에서 고릴라 사냥이 한창일 때, 한편에서는 고릴라를 생포해 동물원에 데려가 돈을 벌려는 사람들이 있었어. 이때 많은 고릴라가 희생되었다고 했잖아.

역사상 처음으로 동물원에 고릴라가 들어온 건 1855년 영국 런던에서야*. 어렵게 큰 희생을 치르고 고릴라를 데려왔지만 고릴라는 동물원이라는 새로운 환경에 적응하지 못하고 금방 죽었단다. 고릴라는 큰 덩치에 비해 매우 예민했거든. 게다가 생활 환경까지 완전히 달랐으니.

그럼에도 고릴라 사냥은 그치지 않았고, 사냥꾼들은 특히 새끼 고릴라를 잡고 싶어 했어. 새끼 고릴라를 잡을 때는 더욱 잔인하고 비극적이라는 얘기, 앞에서 잠깐 나눴지? 새끼를 지키려고 있는 힘을 다해 반항하는 어미 고릴라를 제압해야 했는데, 그 과정에서 예상치 않은 일이 종종 벌어지거든. 몸집이 큰 고릴라가 죽을힘을 다해 싸우면 아무리 무기를 지닌 사람

---

* 근대적인 동물원이 생기기 전에는 동물들을 데리고 다니며 사람들에게 보여 주기도 했는데, 이 동물원도 그러한 형태였다.

이라도 위험해져. 그러니 무리를 총으로 모두 쏴 죽이고 남은 새끼만 생포하는 거야.

이런 잔인한 과정을 피하려고 동물원에서 번식을 시도했지만 쉽지 않았어. 우여곡절 끝에 동물원에서 고릴라 새끼가 처음으로 탄생한 게 1956년의 일이야. 미국 오하이오주의 콜럼버스 동물원에서 새끼 고릴라 '콜로'가 태어난 거야.

1855년, 처음 동물원에 고릴라가 들어온 뒤부터 콜로가 태어날 때까지 거의 100년 동안이나 유럽, 미국, 일본 등 동물원 선진국은 동물원에 고릴라를 전시하기 위해, 그중에서도 인기 있는 새끼를 데려오기 위해 아프리카에서 계속 고릴라를 생포했다는 얘기지. 무자비하게 무리를 다 죽이면서…….

동물원에서는 고릴라를 사육하면서 조금씩 고릴라의 생태를 알아 갔어. 하지만 동물원에서의 관찰은 한계가 있었어. 무리 생활을 하는 고릴라들의 진짜 생태는 야생에서 살펴야 알 수 있으니까.

연구자들은 야생 고릴라를 관찰하려고 숲으로 가 고릴라에게 가까이 접근하려고 했어. 하지만 실버백이 화를 내면 놀라서 총을 쏘기도 했어. 아마 실버백은 처음 보는 사람을 경계했을 텐데.

다른 연구자들은 숲에다 바나나 옥수수 같은 먹이를 던져 놓고 반응을 살폈어. 먹이로 고릴라를 길들여 친해지려는 건데, 고릴라들은 먹이를 전혀 건드리지 않았어. 이 방법도 별 성과가 없었지.

그러다가 1950년대 후반에, 고릴라가 사람에게 다가오게 하는 방법 대신 반대로 사람이 고릴라 사회로 들어가는 방법을 생각한 연구자가 나타났어. 고릴라와 사람이 가까이 있어도 별 문제가 없다, 공격할 필요도 도망할 필요도 없다고 생각한 용감한 연구자였지.

바로 미국의 동물학자 조지 섈러*야. 섈러는 이전 사람들처럼 어두운 곳에 숨어서 고릴라를 관찰하지 않고 밝은 곳에서 자신의 존재를 당당하게 드러냈어. 그러면서 고릴라가 자기를 경계하지 않게 될 때까지 인내심을 가지고 기다렸어. 섈러는 조금씩 고릴라와의 사이를 좁혀 가며 지켜봤지. 고릴라들은 점차 섈러가 곁에 있어도 별로 신경을 쓰지 않게 되었단다. 섈러는 1959년부터 1960년까지 2년간, 고릴라와의 만남을 적어도 314번은 가졌어. 그중에 50미터 이내에서 관찰한 게 모두 466시간이란다. 그때까지 누구도 거두지 못한 큰 성과야. 그런데 관찰을 하던 도중에 콩고에서 내란이 일어나는 바람에 아쉽게도 고릴라 관찰은 끝나 버렸어.

섈러는 2년간의 고릴라 관찰기를 《마운틴고릴라》, 《고릴라의 계절》이라는 두 권의 책으로 펴냈어. 야생에서 직접 관찰한 고릴라의 생태를 담은 섈러의 책은 세계 각국의 연구자들에게 강한 자극을 주었고, 야생 동물을 연구하려는 사람들의 용기를 북돋아 주었어. 섈러는 고릴라뿐만 아니라 사자, 자이언트 판다 등 야생 동물을 다룬 책들을 펴내 사람들에게 야생 동물의 생태를 쉽게, 널리 알리는 데 크게 이바지했어.

샬러가 아프리카의 고릴라 무리를 떠난 뒤, 고릴라 연구에 기적을 이룩한 연구자가 등장해. 바로 1967년부터 고릴라 연구를 시작한 미국의 다이앤 포시*란다. 다이앤 포시는 고릴라에 대해 동물학자들 중 그 누구보다 많은 것을 알아낸 연구자야. 포시의 이야기는 93쪽에서 자세히 할게.

샬러는 고릴라 가까이 접근하는 데는 성공했지만, 고릴라가 다가와 자신의 몸을 만질 만큼은 아니었어. 포시는 고릴라의 말이나 행동을 흉내 내면서 고릴라 무리 안에 들어가 서로의 몸을 만질 만큼 친구가 되어서 고릴라의 진짜 모습을 구체적으로 연구해 나갔단다.

포시가 온 세계에 알린 것은 고릴라는 결코 흉악한 맹수나 정글의 악마가 아니라 무의미한 싸움을 피하는 지혜를 가진 똑똑한 평화주의자라는 사실이야.

돌이켜 보면 영국 런던의 동물원에 고릴라가 처음 들어온 1855년, 미국의 탐험가 폴 뒤 샤이가 서양인으로서 처음으로 아프리카에서 야생 고릴라를 만난 1856년 이후 고릴라에 대해 제대로 알기까지 100년이 넘게 걸린 거지. 즉 우리는 100년에 걸쳐 고릴라를 오해해 온 셈이야.

동물원에서 태어난 첫 고릴라, 콜로

처음으로 동물원에서 태어난 고릴라는 '콜로'야. 1956년에 미국 오하이오주의 콜럼버스 동물원에서 태어났는데, 동물원의 이름을 따서 이름을 '콜로'라고 지었대. 콜로는 서부로랜드고릴라종의 암컷이야.

놀라지 마! 콜로는 세계에서 가장 오래 산 고릴라야. 2017년 1월에 죽었는데, 그때 나이가 무려 예순 살이었어. 보통 야생 고릴라의 평균 수명은 40~50년이라고 해. 사람 나이로 견주어 보면 백 살 넘게 산 셈이란다.

사는 동안 콜로는 새끼를 3마리 낳았어. 그 새끼가 다 자라서 다시 새끼를 얻고, 그 새끼가 다시 새끼를 낳아 콜로의 손자는 16마리, 증손자는 12마리, 고손자는 3마리나 태어났어. 현재 콜로의 자손들은 세계 각국에 흩어져 살아.

새끼 고릴라를 안은 엄마 고릴라의 모습. 고릴라도 인간처럼 한배에 1마리씩 새끼를 낳는데 낳기까지 9개월(평균 258일) 정도 걸린다. 평균 4년에서 6년 간격으로 새끼를 낳는다고 한다.

고릴라는 진화해서 언젠가는 인간이 되나요?

고릴라와 인간이 같은 조상에서 갈라져 나왔음을 밝힌 '진화론', 그런데 여러분 가운데 혹 진화론을 잘 이해하지 못해서 사람과 닮은 침팬지나 고릴라가 언젠가는 인간이 된다고 믿는 사람이 있을지도 몰라. 그러니 다시 한번 진화론에 대해 짚어 볼게.

지금 이 세상에 살고 있고, 과거에 살았던 종까지 포함하면 지구상에는 억 단위에 이르는 생물이 있어. 이 모든 생물이 맨 처음 나타난 하나의 생명에서 시작되었다는 게 진화론의 핵심이야. 아주 오랜 시간이 지난 끝에 각 생물이 오늘날처럼 다양한 모습이 되었다고 생각하지.

하지만 생물에게 진화가 일어나는 것을 점차 '진보'해 간다고, 즉 이전보다 수준이 높아지는 거라고 생각하면 곤란해. 하등한 원숭이가 보통 원숭이가 되고, 다시 고등한 고릴라가 되었다가 그보다 고등한 침팬지가 되어서 이윽고 원시적인 인간이 되었다는 식으로, 마치 아래에서 위쪽으로 사다리를 올라가는 식으로 생각하면 안 된다는 말이야.

예를 들어, 다른 동물의 몸 안에 사는 기생충 가운데는 기생하기 좋게 진화하는 바람에 소화 기관이 퇴화해서 그전보다 더 단순해진 경우도 있어. 모든 생물이 이 세상에서 가장 고등한 인간이 되기 위해 진화를 거듭해 온 게 아니라는 말이야. 즉 고등하게 발전한다는 뜻의 진보와 오랜 세월을 거쳐 변한다는 의미의 진화는 근본적으로 다르다는 걸 알겠니?

그러니 진화는 사다리를 올라가는 식의 진보가 아니라, 같은 조상에서 갈라져 각자 발달해 나가는 과정으로 보아야 해. 고릴라도 침팬지도 인간보다 하등한 존재가 아니라 각자의 종에서 진화의 최상단에 있어.

당연히 시간이 얼마가 지나든 간에 고릴라가 인간이 될 리는 없을 거야. 침팬지나 고릴라의 입장에서도 아예 인간 같은 것이 되고 싶다고 생각조차 안 할걸!

서울대공원에는 유인원관이 있어. 고릴라, 침팬지, 오랑우탄이 함께 사는 곳이야. 야생에서도 침팬지와 고릴라의 서식지는 대부분 비슷해. 침팬지와 고릴라는 대부분 아프리카에, 오랑우탄은 아시아에서만 살아.

안녕하세요, 김황입니다.

고릴라를 취재한다고요?

왼쪽부터 김은주 화가, 김황 작가, 사육사

고릴라는 국제적으로 희귀종이라 우리나라에 들여오기가 힘들었을 텐데, 우지지는 어떻게 올 수 있었나요?

아, 그건…….

고리나 덕분이에요. 고리나는 서부로랜드고릴라인데 그중에서도 희귀한 유전자를 가졌지요. 지금은 야생 고릴라를 잡는 일이 금지되어서 동물원의 고릴라끼리 번식을 해야 하는데,

우린 '고리롱'을 잊지 않아!

 2011년 2월에 죽은 '고리롱'은 오랫동안 많은 사랑을 받은 수컷 고릴라야.
 1970년 5월에 우리나라 최초로 고릴라 한 쌍이 서울대공원 동물원에 들어왔지만 병들어 1년도 안 되는 사이에 차례로 죽고 말았어. 그 뒤 죽은 고릴라를 대신해서 1972년 7월에 다시 온 고릴라가 바로 고리롱이야.
 고리롱은 태어난 지 1년 6개월 정도 된 수컷 고릴라였어. 고리롱은 이후 약 30년이나 되는 긴 세월 동안 많은 사랑을 받으면서 서울대공원의 '스타 동물 1위' 자리를 지켰단다. 고리롱은 병에 걸려 양 발가락을 잃고서도 고릴라답게, 무리의 리더답게 위엄 있고 당당하게 살았어. 그 모습에 감동해서 사람들이 특별히 더 사랑했지.
 "고리롱, 발가락을 아프게 해서 정말 미안하다. 용서해 줘. 우린 너의 모습을 보면서 고릴라에 대한 존경심과 인간과 가장 가까운 영장류에 대한 친근감을 가졌어. 우린 야생 고릴라가 안심하고 살 수 있는 환경을 만드는 걸로 네 우정에 꼭 보답할게.
 잘 자, 위대한 고릴라 고리롱! 안녕, 고리롱! 우린 너를 잊지 않아!"

서쪽의 고릴라, 동쪽의 고릴라

고릴라는 아프리카에서만 사는데, 사는 곳에 따라 두 종류로 나뉘어. 책장을 넘겨 50쪽 지도를 보자. 아프리카 대륙의 가운데를 기준으로 서쪽에 사는 고릴라를 '서부고릴라', 동쪽에 사는 고릴라를 '동부고릴라'라고 해.

두 고릴라는 생김새도 달라. 서부고릴라는 얼굴이 둥글며 털이 갈색이나 회갈색이고, 동부고릴라는 얼굴이 갸름하며 털이 새까매. 국제 자연 보호 연합(IUCN)의 2016년 발표에 따르면 서부고릴라는 약 10만 마리, 동부고릴라는 5,000마리 이하로 추정한단다.

이 두 종의 고릴라는 높은 산에 사는지, 낮은 지대에 사는지에 따라 다시 두 아종으로 나뉘어. '아종'이란 같은 종이지만 사는 지역에 따라 색이나 모습이 다른 경우 서로 구별하기 위해 쓰는 말이야. 산에 사니까 산이라는 뜻의 '마운틴'을 붙이거나 낮은 지대라는 뜻의 '로랜드'를 붙이는 식으로 이름을 지었지.

서부고릴라는 '서부로랜드고릴라'와 '크로스강고릴라'의 두 아종으로 나누어지고, 동부고릴라는 '마운틴고릴라'와 '동부로랜드고릴라'의 두 아종으로 나누어져. 고릴라를 이렇게 2종 2아종으로 분류한 건 최근 일이야. 옛날에는 고릴라는 단 한 종만 있다고 보고 지역에 따라 서부로랜드고릴라, 동부로랜드고릴라, 마운틴고릴라의 세 아종이 존재한다고 여겼어. 최근 유전자 분석법이 빠르게 발전하면서 서부고릴라와 동부고릴라가 약 175만 년 전에 다른 길로 갈라졌다는 걸 알아냈지. 그래서 아종이 아니라 다른 종으로 구별한 거야.

그리고 지금까지 고릴라가 살지 않는 줄 알았던 나이지리아에서도 크로스강이 흐르는 지역에서 2012년에 고릴라가 발견되었어. 학자들은 이 고릴라가 서부로랜드고릴라와 아종 정도의 차이가 있다고 판단해 '크로스강고릴라'라고 이름 지어서 나누었단다.

서부로랜드고릴라

크로스강고릴라

마운틴고릴라

동부로랜드고릴라

고릴라의 종류와 사는 곳

고릴라는 아프리카의 깊고 넓은 숲에서 흩어져 살면서 계속 이동하기 때문에 수를 파악하기가 어렵지만, 최근에 대략적인 수를 파악했단다.

서부고릴라	서부로랜드고릴라	약 10만 마리
	크로스강고릴라	약 250~300마리
동부고릴라	마운틴고릴라	약 880마리
	동부로랜드고릴라	약 3,800마리 이하

(2016년 기준)

서부고릴라

- **서부로랜드고릴라**는 털이 짧고 색은 갈색이나 회갈색이야. 머리 부분의 털은 적갈색이야. 다 자란 어른 수컷은 등에서 뒷다리에 걸쳐서 털이 은백색이 돼.
- **크로스강고릴라**는 아직 모르는 게 많아.

서부로랜드고릴라

동부고릴라

- **마운틴고릴라**는 털이 길고 칠흑같이 새까매. 다 자란 수컷의 등에서 옆구리까지는 마치 말의 안장 같은 모양으로 털이 희게 나 있어. 얼굴은 짧고 얼굴 둘레에도 털이 많단다.
- **동부로랜드고릴라**는 마운틴고릴라와 같이 털이 새까맣고, 다 자란 수컷은 등에서 옆구리까지 안장 같은 모양으로 털이 희게 변해. 마운틴고릴라보다 얼굴이 갸름한 게 특징이야.

동부로랜드고릴라

서부고릴라의 수는 비교적 많은 데 비해 동부고릴라는 멸종 위기야. 고릴라 서식지가 분포한 나라의 상황 때문에 특히 마운틴고릴라가 아주 위험한 상황이란다. 참고로 전 세계 동물원에서 사육되는 고릴라는 대부분 서부로랜드고릴라야. 고릴라는 모두 국제 조약에 따라 상업적인 거래가 금지되어 있어.

이것이 고릴라의 몸이다!

원숭이, 침팬지, 고릴라, 인간을 비롯한 영장류는 세계적으로 약 220종 정도야. 그중 고릴라가 가장 몸집이 커. 다 자란 수컷 중에는 200킬로그램이 넘는 고릴라도 있어. 고릴라 중에서는 마운틴고릴라가 가장 몸집이 크고 튼튼해. 이들에 비해 서부로랜드고릴라는 몸집이 작은 편이지.

야생에 사는 고릴라의 몸길이나 몸무게를 재는 건 아주 어려워. 동물원에 있는 고릴라 정도만 수치를 잴 수 있는데, 이들은 모두 서부로랜드고릴라야. 서부로랜드고릴라의 평균 몸무게는 다음과 같아.

수컷의 몸무게는 약 160킬로그램, 암컷의 몸무게는 약 80킬로그램이야.

수치를 보면 암수의 몸무게 차이가 뚜렷해서 암컷 몸무게는 수컷의 절반밖에 안 돼. 인간은 보통 여자의 몸무게가 남자의 75~80% 정도인데. 왜 수컷 고릴라는 암컷보다 월등히 클까?

여러 설이 있으나 암컷이 결혼 상대를 찾을 때 자기나 새끼를 지켜 줄 만큼 몸이 큰 수컷을 선택해 왔기 때문이라는 설이 가장 유력해. 적이나 다른 무리와 맞설 때 몸이 크면 그만큼 유리하잖아.

고릴라는 커다란 몸통과 억세 보이는 긴 팔이 특징이야. 고릴라의 긴 팔은 조상이 긴팔원숭이처럼 나무 위에서 가지나 덩굴에 매달려 몸을 흔들이처럼 흔들면서 이동하며 살았던 흔적이야. 지금은 주로 땅 위에서 살지만 좋아하는 먹이를 찾았을 때나 위험이 다가오면 기다란 팔을 써서 아주 능숙하게 나무 위로 올라가.

고릴라는 팔은 긴 데 비해 다리는 짧아. 다리 길이가 짧은 건 이유가 있어. 습지를 다닐 때면 질퍽한 진흙에 빠져도 쉽게 빼낼 수 있는 짧은 다리가 유리하거든. 고릴라는 팔이 길어서 헤엄은 치지 못하지만 습지를 잘 이용해서 먹이를 얻는단다.

고릴라의 손은 크고 두꺼워. 뻣뻣하고 두꺼운 손을 보면 감각이 둔한 것처럼 보이지만 의외로 손재주가 있어. 손등에는 털이 있지만 손가락 두 번째 마디부터는 털이 없어. 새까만 얼굴에도 털이 없는데, 그래서 표정을 알기 쉬워. 이마가 차양처럼 튀어나왔고 눈은 안으로 쑥 들어갔어. 눈동자는 갈색이며 흰자위가 없어. 얼굴 한기운데 아주 큰 코가 있는데, 콧구멍이 위를 향해 있어.

시각, 청각, 후각은 인간과 거의 비슷한 수준이야. 다만 인간이 못 듣는 낮은 소리나 아주 큰 소리를 낼 수가 있어.

새까만 얼굴
이마는 볼록 튀어나오고, 눈은 쑥 들어갔다.
사람마다 지문이 다르고 귀의 모양이 다른 것처럼
고릴라의 코도 모양이 제각각 다르다.
양쪽에 붙은 귀는 몸집에 비하면 아주 작다.

두꺼운 손
야구 글러브만큼 크고 두껍다.
손톱은 검은색이고, 인간처럼
넓적하다. 길어지면 손톱 끝이
조금씩 부서지고 닳아서
손톱깎이가 필요 없다.

긴 팔
양팔을 편 길이가 자신의 키보다 길다.
서부로랜드고릴라가 양팔을 옆으로 벌리면
수컷은 220~250센티미터, 암컷은 170~210센티미터나 된다.

짧은 다리
긴 팔에 비해 다리는 짧다. 서부로랜드고릴라 수컷의 다리는
겨우 80센티미터 정도다. 습지를 다닐 때면 짧은 다리가
유리하다. 팔이 너무 길어서 헤엄은 치지 못해도 짧은 다리로
습지를 잘 이용해서 먹이를 얻기 때문이다. 발 크기는 수컷이
30~33센티미터, 암컷이 24~27센티미터이다.

고릴라는 '너클 보행'으로 걸어

고릴라가 지나가면 이런 발자국이 생겨.
고릴라는 걸을 때 손바닥이 지면에 닿지 않게 가볍게 주먹을 쥔 형태로 손가락의 제2관절과 제3관절을 땅바닥에 대면서 걸어. 이걸 '너클(Knuckle, 손가락 관절이라는 뜻) 보행'이라고 해. 고릴라와 침팬지한테서만 볼 수 있는 걷기 방법이야.

무리의 리더 '실버백'

고릴라는 보통 10마리 정도가 무리를 이루어서 생활하는 동물이야. 수컷 한 마리(때로는 한 마리 이상), 여러 마리의 암컷과 새끼들로 구성되어 있어. 무리를 이끄는 리더를 '실버백'이라고 부르는데, 수컷이 맡아.

수컷은 8~12세 정도까지는 등의 털이 검은색이어서 '블랙백'이라고 해. 13세 정도 되면 등이 점차 은백색으로 변해 가. 동부고릴라의 등은 흰색으로 변해. 은백색과 흰색 등으로 변한 수컷 고릴라를 통틀어 실버백이라고 부른단다. 가끔 무리 안에 실버백이 두 마리 있는 경우가 있어. 이건 성장해서 등이 은백색이 된 아들과 아버지야. 반면에 암컷의 등 색깔은 평생 동안 변하지 않아.

무리의 새끼가 다 자라서 젊은이가 되면 암컷과 수컷 모두 자기가 나고 자란 무리를 떠나. 젊은 수컷은 무리를 떠나서 단독 생활을 누리는 '나 홀로 고릴라'가 되는 거야. 혼자 사는 고릴라는 처음에는 자기의 원래 무리 가까이에 있다가 다른 무리가 나타나면 그 뒤를 따라간단다. 그러고는 가슴을 두드리는 '드러밍'을 통해서 자신의 존재를 무리의 암컷에게 알려.

'여길 봐, 여기에 젊은 수컷이 있어. 내 아내가 되어 줘. 반드시 행복하게 해 줄 테니.'

이런 식으로 주장을 하는 거지.

그러면 무리의 실버백도 가만히 있지 않아. 암컷을 빼앗기지 않으려고 열심히 가슴을 두드려.

'흥, 내가 경험 많고 훨씬 멋진 수컷이야. 암컷들아, 가지 마.'

이렇게 호소해.

만약에 무리의 암컷이 무리를 떠나 '나 홀로 고릴라'에게 몸을 의지하면 젊은 수컷은 무리를 만들고 '실버백'이 되어 가.

한편 암컷은 절대 단독 생활을 안 해. 다른 무리의 실버백이나 혼자 사는 고릴라 수컷에게 몸을 의지해서 살아. 만약에 의지한 수컷과 잘 맞지 않으면 몇 번이나 무리를 떠나 다른 수컷에게 의지하는데, 보통은 새끼를 낳으면 그 무리에 정착한단다.

고기를 안 먹는 '채식주의자'

흉악한 맹수라는 오해 때문일까? 고릴라를 다른 동물을 사냥해서 먹는 '육식 동물'이라고 생각하는 사람이 의외로 많아. 그런데 사실 고릴라는 과일이나 풀을 먹는 '채식주의자'야.

고릴라처럼 유인원에 속하는 침팬지, 오랑우탄은 어느 정도는 고기를 먹어. 침팬지 연구에서 불멸의 업적을 남긴 제인 구달이 1960년대 초에 탄자니아에서 관찰하던 침팬지 무리가 힘을 합쳐 자기들보다 몸이 큰 동물을 사냥해 먹었다는 보고를 했어. 이 사실은 세상을 놀라게 했지. 당시에 과학자들은 침팬지가 채식을 한다고 믿었거든. 그 이후로 야생 침팬지 무리에 대한 연구를 통해 침팬지가 원숭이, 멧돼지, 영양 등 여러 동물을 그것도 각종 전략까지 구사하면서 사냥한다는 사실이 밝혀졌어.

오랑우탄도 새나 파충류의 알, 둥지에 있는 새 새끼, 쥐나 청서 등을 먹어. 그런데 오랑우탄은 꿀을 정말 좋아해. 꿀은 침팬지도 보노보도 즐겨 먹어. 이들은 벌침에 쏘이면서도 꿀뿐만 아니라 벌의 유충이나 번데기, 성충도 먹는단다. 특히 주목할 만한 사실은 도구를 이용해서 흰개미나 개미를

사냥한다는 거야. 침팬지, 보노보, 오랑우탄은 나뭇가지를 도구로 이용할 수 있는 손재주가 있어. 이 외에도 침팬지는 메뚜기, 벌 같은 곤충도 먹고, 침팬지와 보노보는 도마뱀이나 박쥐 등 작은 동물의 사체 따위를 먹는다는 보고도 있단다. 이처럼 대형 유인원들은 식물뿐만 아니라 다양한 먹이를 먹고 살아.

그런데 고릴라는 오직 식물만 먹어. 계절마다 좋아하는 식물을 먹는데, 그 종류가 200종이 넘는다고 해. 서부로랜드고릴라가 사는 열대 우림에는 식물의 종류가 무척 많아. 그런데 높은 산간 지대에는 과일나무가 없어. 그래서 높은 곳에 사는 마운틴고릴라는 과일은 거의 먹지 않고 풀이나 줄기만 먹고 산단다.

하지만 식물만 먹으면 단백질이나 몇 가지 비타민 등 중요한 영양소를 얻지 못하잖아. 잡식성인 다른 유인원과 달리 식물만 먹는 고릴라는 이 문제를 도대체 어떻게 해결할까?

다행히 식물을 먹을 때 잎사귀에 붙어 있던 거미나 민달팽이, 곤충을 함께 먹게 되는데, 그 덕분에 결과적으로 동물을 먹어서 보충을 하는 셈이야. 의식적으로 먹으려고 한 게 아니므로 채식주의자가 틀림없지.

그런데 고릴라도 가끔 흰개미나 개미를 적극적으로 먹을 때가 있어. 개미의 행렬을 발견하면 팔을 내밀어서 달라붙은 개미들을 먹어. 개미는 쉽게 얻을 수 있는 먹을거리이자 귀중한 단백질 공급원이거든. 이러니 고릴라는 잡식성이라고 하는 게 맞을지도 몰라. 하지만 학계에서는 완벽하지는 않아도 고릴라를 채식주의자로 정의한단다.

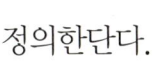

먹고, 자고, 이동하고 - 고릴라의 하루

무리의 행동은 우두머리인 실버백이 결정해. 아침에 일어나면 맨 먼저 '긋, 그흠' 하는 소리를 내어 서로 인사를 하면서 같은 무리인 동료의 위치를 확인해. 그러고는 낮은 소리를 내거나 가슴을 두드리는 '드러밍'을 하지. '이제 출발이다!'라는 신호야.

실버백의 이 신호에 따라 이동하면서 고릴라들은 제각기 흩어져 자기가 좋아하는 먹이를 찾아서 먹어. 몸이 가벼운 새끼들은 나무 위에 올라가서 좋아하는 과일이나 풀을 먹지. 몸이 아주 크고 무거운 수컷도 나무에 잘 오르지만 어린 새끼들과 비교하면 뒤처져. 그래서 땅에 떨어진 과일이나 풀을 먹을 때가 많아. 덩굴을 당겨 손재주 좋게 잎을 훑어서 먹기도 하지. 물론 맛있는 과일을 발견하면 적극적으로 나무에 올라가 먹기도 해.

암컷과 새끼는 아무리 좋아하는 먹이가 있어도 혼자 멀리 가는 일이 없어. 무서운 코끼리나 표범의 기척을 느끼면 얼른 돌아와서 실버백 뒤에 숨을 수 있도록 실버백의 위치를 정확하게 파악하고 있지. 또한 실버백도 무리의 안전을 지키기 위해 늘 경계에 신경을 쓴단다.

배불리 먹고 나선 낮잠을 자. 좀 게으르다고? 아니, 게을러서 낮잠을 자는 게 아니야. 다 그럴 만한 이유가 있어.

고릴라는 식물만 먹는다고 했잖아. 그런데 식물의 잎이나 줄기, 껍질 등은 소화가 잘 안돼. 풀을 먹는 소는 위가 4개나 있고 위에 식물의 섬유질을 분해하는 박테리아가 살고 있어서 소화를 돕지. 고릴라는 소와 달리 위가 4개는 아니지만, 장이 아주 길어. 그래서 고릴라의 배가 큰 거야. 그 장에 박테리아가 살고 있어서 소화를 도와. 고릴라가 먹은 음식들은 천천히 장을 이동하면서 분해되어 흡수돼. 그러니 소화가 잘되도록 한낮에 2~4시간 쉬어야 해. 이게 바로 낮잠을 자는 이유야.

휴식을 끝내면 다시 먹이를 찾아서 이동을 해. 밤에 배가 고프지 않으려면 저녁까지 많이 먹어야 하니까. 해가 저물면 안전한 잠자리를 찾아. 이것도 역시 실버백의 역할이지. 그런데 다른 무리나 '나 홀로 고릴라'의 드러밍 소리가 들려오면 다시 이동을 해. 무리의 암컷이 그쪽으로 가지 않을까? 새끼가 위험에 빠지는 일은 없을까? 걱정이 되기 때문이야.

잠잘 곳이 결정되면 각자 풀이나 가지를 모아서 침대를 만들어. 나무 위에 새 둥지 같은 침대를 만들 때도 있고 땅 위에 만들 때도 있어. 그때그때 기분에 따라 달라. 침대는 매일 새로 만들어서 두 번 쓰는 일은 없어.

하루 일과를 마칠 즈음에 실버백은 가슴을 두드리며 드러밍을 해.

'우린 여기 있어. 건드리지 마.'라고 다른 무리에게 경고하듯이 멋지게 드러밍을 한단다.

그럼, 고릴라들아, 잘 자.

고릴라의 '말'

대형 유인원은 무리를 지어 사회생활을 해. 그러다 먹이를 발견하면 자기 새끼나 다른 친구들에게 알리지. 또 적이나 다른 무리가 습격해 올 때면 재빨리 무리의 동료들에게 경계하라고 알리기도 하고. 그런데 인간은 말로 뜻을 전할 수가 있지만 유인원들에게는 인간과 같은 '말'이 없는데, 어떻게 동료와 소통할까?

사회생활을 하는 고릴라에게도 자기들만의 의사소통 수단이 있단다. 고릴라가 내는 20종쯤 되는 '소리의 말'과 얼굴과 몸으로 자기 의사를 알리는 '표정과 몸짓의 말'이야. 대표적인 것만 알아보자.

● **소리의 말**

'긋, 그흠'
인사이기도 하고, 서로의 위치를 확인하는 소리이기도 해.
"나 여기 있어.", "아무 일 없어. 편하게 잘 있어."라는 뜻이야. 고릴라가 평정한 상태에 있다는 걸 이 소리로 알 수 있단다. 목을 떨면서 내는 으르렁거리는 낮은 소리인데, 트림 소리를 닮았다고 '트림 음'이라고도 해.

'우아우?'
"너, 누구야?", "뭐 하고 있어?"라는 의미로 질문을 던지는 소리야.
영어의 "후 아 유?(누구세요?)"를 닮은 딸꾹질 같은 소리란다. 상대가 안 보일 때 자주 내.
이 소리를 들은 동료 고릴라는 '굿, 그흠'이라고 대답을 하거나 자기 모습을 상대에게 보여야 해. 그렇게 하지 않으면 위험한 자라고 생각해서 공격당할 수 있단다.

'코훗, 코훗'

상대에게 경고하는 소리야. "너 뭐야.", "가까이 오지 마!"라는 뜻이지. 기침같이 숨을 토해 내듯 내는 소리야.

상대의 행동을 비난하거나 멈추게 하고 싶을 때, 가까이에서 싸움이 시작되거나 상대가 갑자기 다가왔을 때, 자기 먹이를 누군가 훔쳐 갈 때에 이 소리를 낸단다.

'우루우루우루'

수컷이 암컷에게 보내는 "나 너 사랑해!"라는 사랑의 메시지야. 높은 소리를 빠르게 내.

'그꺼 그꺼 그꺼'

어린 고릴라들이 같이 놀 때 내는 웃음소리야.
배 속에서부터 낮게 울리는 소리란다.

허밍

맛있는 걸 먹거나 즐거우면 콧노래가 나올 때가 있지? 고릴라도 똑같아.
"야! 맛있어!", "최고야!"라는 뜻이지.
강약을 붙인 높은 소리로 노래 부르듯 길게 울려서 소리를 내. 우리가 흔히 '허밍'이라고 부르는 소리이지. 만족한 자기 마음을 친구들과 공감하고 싶을 때, 무리가 맛있는 먹이를 배불리 먹었을 때 내는 콧노래야.

● 표정과 몸짓의 말

"어떻게 할까?"

고민되거나 긴장을 할 때에는 입을 꼭 다물어. "어떻게 할까?" 하고 고민할 때 나타나는 표정이야. 뜻하지 않은 상대를 만났을 때 공격할 것이지 물러설 것인지 망설일 때도 이런 표정을 지어.

"나 좀 봐 주세요."

입을 삼각형 모양으로 뾰족하게 내밀고 '콧, 콧, 콧' 하는 소리를 낼 때가 있어. 불만이 있다는 뜻이야. 주로 새끼 고릴라가 "나 좀 봐 주세요." 하고 엄마한테 관심을 받고 싶을 때 짓는 표정과 행동이야.

"난 너를 사랑해!"

똑같이 입을 삼각형 모양으로 뾰족하게 내밀어도 "우루우루우루" 하는 소리를 내면 다른 뜻이야. 아까 수컷이 구애하는 소리를 알려 줬지? 뾰족 나온 입은 "난 너를 사랑해!"라는 구애의 행동이기도 하단다.

"놀자."

상대의 얼굴을 가까이에서 들여다보는 건 무슨 뜻일까?

그래, 같이 놀자는 의미야. 상대방에게 인사를 하는 행동이기도 해. 어른 고릴라끼리는 사랑을 나누자는 권유이기도 하지.

"그거 나한테 줘."

뭔가 원하는 게 있을 때는 상대방의 얼굴과 원하는 물건을 번갈아 쳐다봐. 그럼 그걸 달라는 뜻이야. 주로 상대방이 들고 있는 먹이일 때가 많아. 주고 싶으면 주고, 싫으면 무시한단다.

드러밍의 진짜 의미

고릴라 하면 가슴을 치는 행동을 떠올리는 친구가 많을 거야. 이걸 '드러밍'이라고 해. 영어로 드러밍은 북을 두드린다는 뜻이거든. 주먹으로 가슴을 치는 것처럼 보이지만 사실은 손을 가볍게 오므려서 두드리는 거야.

성장한 수컷은 목부터 가슴에 걸쳐 '공명 주머니'가 발달해. 그래서 숨을 크게 들이쉬어서 가슴을 부풀린 뒤에 손으로 치면 북을 두드리는 것처럼 맑은 소리가 나. 드러밍 소리는 약 2킬로미터 사방에 울려 퍼진다고 해.

드러밍은 그저 가슴을 치는 것만이 아니야. 거의 9가지나 되는 동작으로 이루어지거든.

다음에 나오는 그림과 함께 살펴보자.

① 입을 오므리고 높은 소리를 내면서 숨을 쉬고

② 가지나 잎을 입에 물고

③ 두 다리로 서서

④ 주변에 난 풀을 잡아채서 공중에 내던져.

⑤ 가슴을 치면서

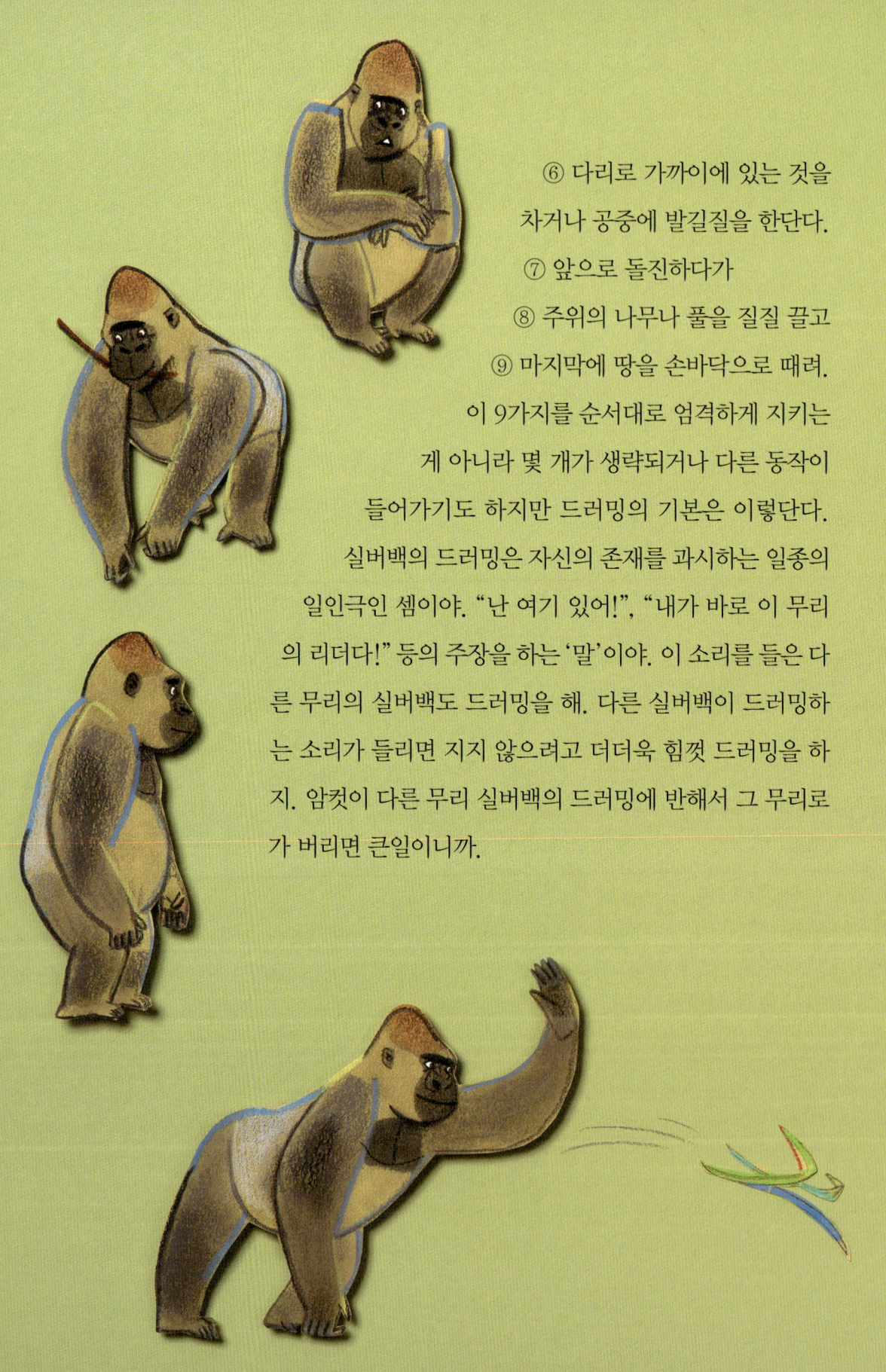

⑥ 다리로 가까이에 있는 것을 차거나 공중에 발길질을 한단다.
⑦ 앞으로 돌진하다가
⑧ 주위의 나무나 풀을 질질 끌고
⑨ 마지막에 땅을 손바닥으로 때려.
이 9가지를 순서대로 엄격하게 지키는 게 아니라 몇 개가 생략되거나 다른 동작이 들어가기도 하지만 드러밍의 기본은 이렇단다. 실버백의 드러밍은 자신의 존재를 과시하는 일종의 일인극인 셈이야. "난 여기 있어!", "내가 바로 이 무리의 리더다!" 등의 주장을 하는 '말'이야. 이 소리를 들은 다른 무리의 실버백도 드러밍을 해. 다른 실버백이 드러밍하는 소리가 들리면 지지 않으려고 더더욱 힘껏 드러밍을 하지. 암컷이 다른 무리 실버백의 드러밍에 반해서 그 무리로 가 버리면 큰일이니까.

수컷과는 달리 공명 주머니가 없는
암컷과 공명 주머니가 아직 발달하지 않은
새끼도 완전하지는 않지만 모두 드러밍을 해.
"야, 재미있겠다!", "너무 좋아!"
　암컷과 새끼의 경우 드러밍은 호기심이 생길
때, 흥분했을 때, 특히 놀고 있을 때 자주 해.
혹은 실버백처럼 자기주장을 하고 싶을 때도 해.
"봐, 내가 최고야!", "잘했지!"라고 말이야.
　과거에는 드러밍이 위협의 표시, 공격의 신호
라고 잘못 알려져서, 드러밍을 하다가 총을 맞았
다는 슬픈 역사가 생긴 거야. 공격이 아니라
오히려 불필요한 몸싸움을 피하려고 경고의
의미도 담아 드러밍을 하는 건데.
"여기엔 우리 무리가 있어. 너희들은
가까이 오지 마!"라고 말이야.

인간과 영장류의 공통점

　유럽에는 고대 그리스의 박물학자 아리스토텔레스*를 시작으로 오랫동안 이어져 온 박물학의 전통이 있어. 생물의 형태나 생태를 체계적으로 관찰하는 토대가 있었다는 얘기지. 아시아는 같은 유라시아 대륙이고, 아프리카도 유럽에서는 가까운 편이라 일찍부터 아시아와 아프리카의 생물은 유럽에 비교적 잘 알려진 편이야.
　그런데 1492년 콜럼버스가 아메리카 대륙을 발견하면서 오랜 박물학의 전통을 가진 유럽인도 전혀 몰랐던 새로운 생물들이 유럽에 속속 들어오게 되었어. 그러니 이때까지 알고 있었던 생물과 새로 알게 된 생물을 다시 분류하는 작업이 필요해졌어.
　18세기에 활약한 스웨덴의 박물학자 칼 폰 린네*는 자신이 세계 곳곳을 여행해서 모은 표본과 다른 탐험가들이 외국에 나가서 가져온 생물의 표본을 모아 앞에 두고, 닮은 점과 다른 점을 비교하면서 큰 그룹으로 나누어 보았어.
　린네는 동물을 크게 척추동물과 무척추동물로 나누고, 척추동물을 다시 어류, 양서류, 파충류, 조류, 포유류로 나누는 식으로 분류했어. 그러고는 모든 생물의 이름을 라틴어 두 단어로 나타내는 이명법(오늘날 학명에 쓰는 표기 방법)을 처음 만들어 냈단다.

예를 들어 호랑이를 이명법으로 쓰면 'Panthera tigris'야. 라틴어로 '티그리스강의 완전한 사냥꾼'이란 뜻이야. 사자는 'Panthera leo'라고 해. 호랑이도 사자도 모두 Panthera가 붙는 걸 보면 서로 친족 관계라는 걸 쉽게 알 수 있지. 덧붙이자면 Panthera는 '완전한 사냥꾼'이란 뜻이야.

인류는 'Homo sapiens(호모 사피엔스)'. Homo는 사람이란 뜻이고 sapiens는 슬기롭다는 뜻이야. 즉 '슬기로운 사람'이란 뜻으로 이런 이름을 붙였어.

다윈의 진화론이 나온 건 린네가 살았던 시대로부터 100년이나 지난 뒤의 일이야. 린네는 신을 굳게 믿었던 사람이고 생물이 진화한다고는 생각조차 하지 않았어. 그래도 인간과 원숭이의 비슷한 점을 무시할 수는 없었어. 인간과 원숭이를 모두 포함하는 그룹을 만들어야 하는데, 그 그룹을 도대체 뭐라고 불러야 하나 상당히 고민했지. 고민 끝에 나온 이름이 '제1위, 첫 번째'라는 뜻을 가진 '영장류(Primates)'였어. 한자로 영장류는 영묘한 힘을 지닌 우두머리라는 뜻이야. 인간은 '만물의 영장'이라는 말 들어 봤지? 바로 모든 것 중에서 가장 뛰어난 존재라는 뜻이야. 영장류에는 원숭이, 유인원, 인간이 속하는데, 약 220종류가 있어.

그러면 인간과 고릴라가 속하는 영장류의 특징은 무엇일까?

영장류의 가장 큰 특징은 재주가 많은 손이야. 영장류는 모두 손과 발에 5개씩 손가락, 발가락이 달렸어. 게다가 엄지손가락이 다른 네 개의 손가락과 떨어져 있어. 손톱도 갈고리 모양에서 평탄한 모양으로 진화되었고, 지문도 있어. 이런 구조의 손은 물건을 잡는 데 아주 좋아.

또 영장류는 다른 포유류와 비교해서 머리가 조금 큰 편이고, 눈이 얼굴 앞에 붙어 있어. 개나 말, 양 등은 눈이 머리 양옆에 붙어 있지. 시야를 넓혀서 적이나 먹잇감을 쉽게 발견하기 위해서야. 눈이 얼굴 앞에 붙어 있는

원숭이와 인간은 시야는 좁지만 어느 물체가 더 가까이 있고 더 멀리 있는지 정확하게 파악할 수 있어. 이런 시각을 '입체시'라고 해. 두 눈이 앞을 보고 있어서 물체들 사이의 거리를 정확하게 보고 움직일 수 있단다.
  다음으로 무리 생활을 하는 사회적 동물이라는 것도 영장류의 공통점이야. 사회를 이루어 서로 힘을 합쳐 살다 보면 수많은 상호 작용이 일어나지. 그 과정에서 생긴 사랑, 충성심, 질투, 혐오 등 복합적인 감정을 표현하고 공유할 수 있는 게 영장류란다.

인간과 유인원은 언제 갈라졌을까?

영장류 가운데서도 특히 인간에 가까운 영장류를 '유인원(類人猿)'이라고 해. 한자를 풀어 보면 '인간과 비슷한 원숭이'라는 뜻이지. 원숭이는 다른 동물에 비하면 뇌가 꽤 발달했지만 인간처럼 뛰어나지는 않아. 원숭이보다 훨씬 발달한 뇌를 지녔지만 인간에게는 못 미치는, 원숭이와 인간의 중간 정도에 위치하는 영장류가 바로 유인원이야.

사실, 유인원은 어느 하나의 종만을 가리키는 말은 아니야. 진화의 계통을 분류했을 때 인간을 많이 닮은 영장류를 통틀어 가리키는 용어이지. 보통은 긴팔원숭이를 '소형 유인원'이라고 하고, 오랑우탄, 고릴라, 침팬지, 보노보를 '대형 유인원'이라고 해. 이들은 모두 꼬리가 없어. 고릴라도 인간처럼 꼬리가 없다는 거 알고 있었니?

옆에 그려진 인간과 유인원의 계통수를 보자.

침팬지, 고릴라, 인간 등이 각 가지의 끝부분에 그려져 있지? 가지의 갈라진 부분은 종이 달라졌다는 표시야. 갈라진 가지의 뿌리를 따라가다 보면 인간과 유인원의 공통 조상이 나오지. 다윈이 이야기했던 것처럼 말이

야. 동물의 기원을 가리키는 말인 '공통 조상', 기억하고 있지? 기원을 찾아 거슬러 올라가다 보면 꼬리가 달린 네발 동물도 나오고, 더 올라가면 양서류나 어류처럼 오늘날 인간의 모습을 상상할 수 없는 생물들이 나올 거야. 다윈은 공통 조상이 바닷속의 멍게 같은 모습일 수도 있다고 했지. 생물의 기원을 한 쌍의 동물로 특정할 수 없기 때문에 공통 조상이라고 표현한 거야. 인간과 유인원은 이처럼 하나의 가지에서 갈라져 진화했단다.

하나의 가지에서 맨 먼저 갈라져 나간 게 오랑우탄이야. 지금으로부터 약 1500만~1900만 년 전의 일이지. 약 1000만 년 전에 고릴라가 갈라졌고, 약 700만~800만 년 전에는 인간이, 마지막으로 약 200만 년 전에 침팬지와 보노보가 서로 다른 종으로 갈라졌어. 가장 늦게 갈라진 침팬지와 보노보는 서로 비슷한 점이 아주 많아.

대형 유인원 가운데서도 인간과 가장 가깝다고 추정하는 게 침팬지야. 침팬지의 유전자 정보는 무려 98.73%나 인간과 같다고 해. 다시 말해서 우리와 침팬지는 1.27%밖에 차이가 없다는 뜻이야. 보노보도 침팬지와 비슷한 정도야. 고릴라는 어떨까? 유전자의 98.25%가 인간과 같고 차이는 1.75% 정도야. 오랑우탄은 사람과 유전자가 97% 이상 같다고 해.

서양에서는 꼬리 없는 대형 유인원이 꼬리 있는 원숭이 'monkey'와 한참 전에 갈라졌다고 해서 이들을 원숭이라고 안 부르고 'ape'라고 불러. 공통 조상이 있긴 하지만 진화를 하면서 서로 다른, 독립적인 각각의 종이 되었기 때문에 원숭이와 완전히 구별하는 거야. 우리도 대형 유인원을 원숭이라고 생각하면 안 돼.

인간과 유인원의 결정적 차이는?

서로 가장 가깝지만 인간과 대형 유인원은 엄연히 달라. 인간이 유인원과 다른 점은 크게 나누어 다섯 가지 정도 된다고 해.

① 몸에 털이 적다.
② 직립 보행을 한다.
③ 언어를 사용해서 말을 한다.
④ 놀기를 좋아해서 다 자란 뒤에도 놀고 싶어 하는 마음을 잃지 않는다.
⑤ 머리가 좋다.

이 다섯 가지 중에서 가장 큰 차이, 다시 말해서 인간이 침팬지와 공통의 조상으로부터 갈라져 인간으로 되어 갈 때 맨 먼저 달라진 게 뭘까?

오랫동안 학자들은 5번이라고 생각했어. 인간이 뇌를 크게 발달시켜 높은 지능을 얻게 되었다고 말이야. 그래서 인류라고 생각되는 아득히 먼 옛날의 낡은 화석이 발견되어도 뇌 용량이 작다는 이유로 인류라고 인정하지 않았어. 그런데 아프리카에서 발견된 인류의 화석이 가르쳐 준 것은 달랐어. 인간이 유인원과 갈라질 때 맨 먼저 일어난 변화는 2번, 직립 보행을 했다는 사실이라고 밝혀진 거야. 인류는 뇌의 발달에 앞서 직립 보행을 시작한 거라고.

등뼈를 바로 세우고 두 발로 서서 걷는 건 인간밖에 없거든. 다시 말해서 인류란 '똑바로 서서 두 발로 걸어 다니는 유인원'인 거야.

어째서 두 발로 걷게 되었는지에 대해서는 여러 설이 있어. 대표적인 설을 두 가지만 말하면, 가장 주목받는 게 '시야 확보설'이야. 아득히 먼 옛날부터 영장류는 사자 같은 맹수나 악어, 뱀 등의 먹잇감이었어. 초기의 인류는 그렇게 약한 존재였지. 그런데 두 발로 서면 시야가 확보되어 자기를 노리는 매서운 육식 동물의 존재를 재빨리 알아차릴 수 있잖아. 그래서 살아남기 위해 두 발로 서게 되었다는 설이지.

또 하나는 '식량 공급설'이야. 그 당시 인류는 나무 열매나 뿌리, 감자 같은 땅속줄기를 먹고 살았어. 먹을거리가 많을수록 야생에서 살아남을 가능성이 높아. 두 발로 서서 양손을 쓰면 보다 많은 먹을거리를 가지고 돌아올 수 있고, 그런 사람은 집단에서의 지위가 높아졌단다. 그러다 보니 모두들 두 발로 서게 되었다는 설이야.

그런데 이것들은 어디까지나 대표적인 설에 불과해. 인간이 어째서 두 발로 서게 되었는지에 대해 아직 확정된 이론은 없어. 여러분 가운데서 그걸 해명하는 세계적인 학자가 나와 주기를 바랄게.

아프리카에서 발견된 인류의 조상들

인류는 공통 조상으로부터 약 700만~800만 년 전에 갈라졌어. 막 갈라져 나온 초기의 인류를 '원인'이라고 해. 그런데 처음의 인류는 과연 어떤 모습을 하고 있었을까? 오늘날의 유인원을 닮은 모습이었을까? 큰 송곳니가 있었을까? 몸에는 아직 털이 많았을까? 팔도 길었을까? 머리의 크기는 작았을까? 이런 의문은 화석으로만 풀 수 있어. 학자들은 초기 인류, 그러니까 원인의 화석을 발견하려고 세계 각지로 떠났단다.

그러던 중 1924년 남아프리카의 동굴에서 두개골이 발견됐어. 그 두개골의 모양은 오늘날의 인간도 아니고 그렇다고 유인원도 아닌 특징이 있었어. 보통 두개골 아래쪽에는 신경다발이 모인 척수가 지나가는 '대후두공'이라는 구멍이 있는데, 유인원은 두개골 뒤쪽에 있고 인간은 유인원보다 좀 앞쪽에 있어. 대후두공의 위치가 서로 다른 이유는 인간이 직립 보행을 해서 그래. 네발로 엎드려 있을 때와 두 발로 서 있을 때의 등뼈 위치가 다르거든.

그런데 남아프리카에서 발견된 두개골은 대후두공의 위치가 유인원보다는 앞에, 인간보다는 뒤에 있었어. 그러니 인간이라고 하기도 유인원이라고 하기도 애매했지. 학자들은 이 형태가 유인원에서 인간이 되어 가는 중간 과정이라고 보고, 이 '원인'에게 '남쪽의(오스트랄로) 원숭이(피테쿠스)'라는 이름을 붙였어.

세상에 가장 널리 알려진 원인은 1974년에 아프리카의 에티오피아에서 발견된 화석 '루시'야. 루시는 키가 약 110센티미터, 몸무게가 약 25킬로그램인 여성의 뼈야.

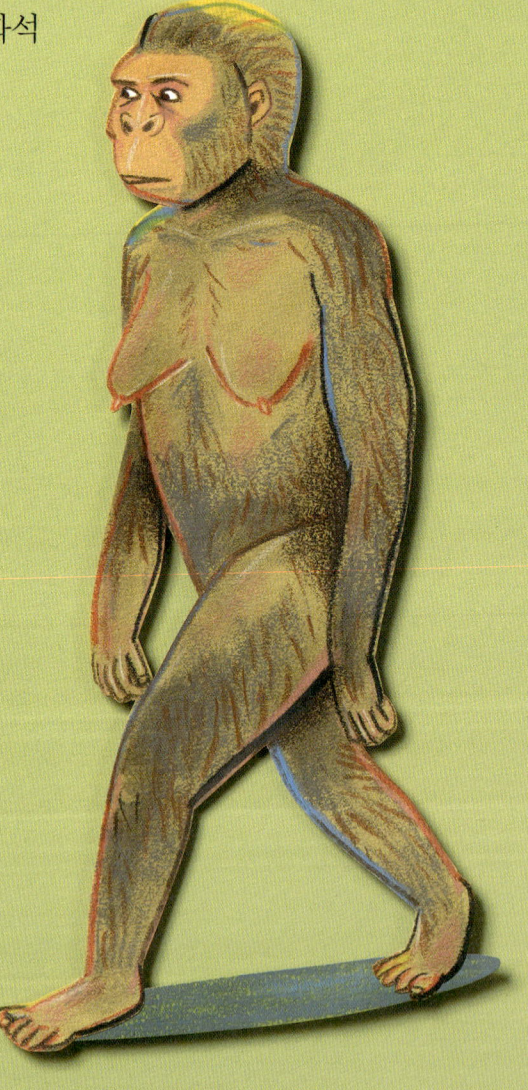

땅속에서 약 320만 년 전의, 온몸의 거의 40%나 되는 정도의 뼈가 고스란히 발견된다는 건 그야말로 기적에 가까운 일이었지. 이 화석을 발견할 당시 발굴 현장에 있었던 카세트에서 비틀스의 〈루시 인 더 스카이 위드 다이아몬즈 Lucy in the Sky with Diamonds〉란 노래가 되풀이되어 흘러나왔대. 그래서 노래에 나오는 '루시'란 이름을 따서 이름을 붙였다고 해.

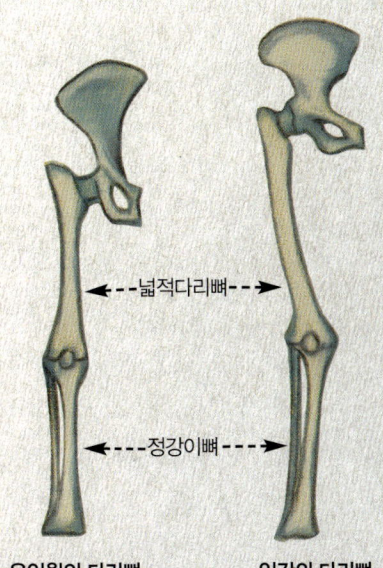

유인원의 다리뼈   인간의 다리뼈

루시의 발견이 획기적인 이유는 다리뼈 화석을 통해 직립 보행의 흔적을 입증할 수 있었기 때문이야. 보통 유인원의 다리는 넓적다리뼈와 정강이뼈가 그림처럼 일직선으로 똑바르게 붙어 있어. 그런데 두 발로 서서 걸어 다니는 인간의 넓적다리뼈는 그림처럼 약간 기울어져 있어. 마찬가지로 기울어진 루시의 넓적다리뼈는 명백하게 인간의 뼈였던 거야. 그런데도 두개골의 뇌 용량은 침팬지 정도(약 400밀리리터)밖에 되지 않았어. 인류가 뇌의 발달보다도 직립 보행을 먼저 했다는 증거란다.

루시가 발견되고 4년 후인 1978년에는 원인이 두 발로 걸었다는 결정적인 증거가 아프리카 탄자니아에서 발견되었어. 놀라지 마! 무려 약 360만 년 전 원인의 발자국 흔적이야. 이건 적어도 두 명의 원인이 똑바로 걸어서 남긴 흔적이라고 해.

'필트다운인' 화석 위조 사건

1912년 영국에서 인류의 조상이라고 추정되는 화석이 나왔어. 변호사이며 아마추어 고고학자인 찰스 도슨*이 발견했지. 필트다운에서 발견되었다고 해서 이 화석을 '필트다운인'이라고 불렀어. 필트다운인의 턱은 유인원과 같았지만 뇌는 현대인만큼 발전한 모양이라 큰 주목을 받았지. 사람들은 역시 인간은 뇌를 먼저 발전시켰다고 확신했어.

그런데 사실은 이 화석을 발견하기 전, 다윈의 《종의 기원》이 출간된 시기보다 3년이 빠른 1856년에 독일에서 '네안데르탈인'의 화석이, 1891년에는 인도네시아에서 '자바 원인'의 화석이 발견됐어. 그런데 뇌가 작아 인류의 조상답지 않다는 이유로 이 화석들은 제대로 평가를 못 받았어.

이후 아프리카에서 인류의 조상이라고 생각되는 화석이 잇따라 발견되면서, 필트다운인 화석이 위조된 거라는 걸 알게 되었어. 발견된 지 40년이 지난 1953년에야 누군가 두개골 화석에 오랑우탄의 턱을 붙여 조작했다는 놀라운 사실이 밝혀졌지. 유력한 용의자는 첫 발견자인 찰스 도슨이지만 다른 사람이 조작했다는 이야기도 있고, 범인이 명확하게 밝혀지지 않았단다. 범인이 누구인지 모르니 왜 위조했는지 이유를 물어볼 수는 없지만, 아마도 인류의 발생지는 꼭 영국이어야 한다고 생각해서 벌인 일이라고 추측하고 있어. 고인류 연구를 혼란시킨 유명한 사건이란다.

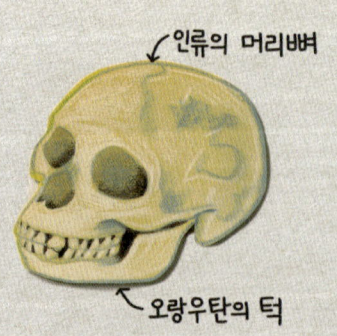

인류의 머리뼈
오랑우탄의 턱

우리는 어째서 유인원을 연구할까?

여러 화석을 통해서 인간의 조상은 뇌를 발달시키기 전에 직립 보행을 했고, 초기 인류의 뇌는 침팬지의 뇌와 비슷한 크기였다는 사실을 알게 되었어. 그렇다면 공통 조상에서 갈라져 나온 지 얼마 안 된 인류의 생활은 오늘날의 대형 유인원들과 큰 차이가 없었다고 생각할 수 있지 않을까?

그렇다면 유인원을 연구하면, 인간이 하는 행동의 근원을 알 수 있지 않을까? 나아가 인간이 유인원들과 어떻게 다른 길을 걸어왔는지도 좀 더 알게 되지 않을까?

자유롭고, 평등하고, 전쟁이 없는 세상.

우리 모두 그런 이상적인 사회를 꿈꿔. 그런데 현실은 달라. 폭력, 싸움, 차별…… 모두가 전쟁의 참상을 이야기하지만 전쟁은 끊임없이 계속되고 있어. 이건 인간이 조상에게 물려받은 어쩔 수 없는 '본성'일까? 아니면 우리가 만든 사회의 '결함'일까?

우리에게는 아직 이런 문제를 해결할 답이 없어.

인류학을 연구하던 학자들은 1960년대에 이르러서야 비로소 인간을 더 깊이 이해하기 위해서는 영장류 중에서도 우리와 가장 닮은 대형 유인원을 연구해야 한다는 걸 깨달았어. 거기서 얻은 성과는 인류가 해결 못 한 어려운 문제를 푸는 데 큰 도움을 줄 것이라고 믿었지. 이를테면 유인원은 인간이란 어떤 존재일까를 조금이나마 알 수 있는, 우리를 비춰 주는 '거울'인 셈이지.

세계적인 고인류학자인 영국의 루이스 리키* 박사는 유인원 연구의 중요성을 강조한 선구자야. 리키 박사는 자기 제자를 야생의 침팬지, 고릴라, 오랑우탄이 사는 곳에 보냈어. 리키의 제자인 제인 구달*, 다이앤 포시, 비루테 갈디카스*를 '리키의 세 자매'라고 불러. 제인 구달은 침팬지를, 다이앤 포시는 고릴라를, 비루테 갈디카스는 오랑우탄을 연구했지. 셋 모두 참을성 있게 대형 유인원을 연구하여 빛나는 업적을 남겼어.

이런 연구 결과를 종합해 보니 인간을 비롯한 대형 유인원 가운데서도 고릴라가 가장 온화하고 평화로운 사회를 만들고 있는 것 같아. 어쩌면 고릴라 사회에는 우리 인간이 먼 옛날에 가지고 있었다가 잃어버린 것들이 있을지도 몰라.

고릴라와 친구가 된 다이앤 포시

야생 마운틴고릴라를 직접 보고 싶어

1932년 미국 캘리포니아주에서 태어난 다이앤 포시는 어릴 적부터 동물을 무척 좋아하는 소녀였어. 동물과 평생 함께 지내고 싶어서 수의사가 되려고 대학에 들어갔지. 부모님의 반대로 스스로 학비를 벌면서 공부했지만 수의학 공부에 꼭 필요한 수학과 물리학 등 기초 과학을 잘 못해서 진급을 못 했어. 결국 포시는 재활 치료를 공부해 재활 치료사가 되어 병원에서 일하게 되었단다. 하지만 늘 자신의 꿈을 잊지 않았지. 그러던 중 고릴라에 대해 쓴 샐러의 책을 보고 고릴라에 관심을 가지게 되었어. 포시는 '아프리카에 가서 마운틴고릴라를 직접 내 눈으로 보고 싶다.'는 꿈을 가졌지. 일하면서도 꾸준히 고릴라에 대한 책을 읽고, 아프리카 말을 공부하는 등 끊임없이 노력했단다.

1963년 9월, 포시는 드디어 꿈을 실현하는 길에 올라. 일하던 병원을 그만두고 7주 동안의 아프리카 여행을 위해 은행에서 1년 수입에 해당하는 큰돈을 빌려 혼자 비행기를 탄 거야.

포시가 맨 먼저 간 곳은 동아프리카 탄자니아의 올두바이 계곡이었어. 거기서 평소에 존경하던 루이스 리키 박사를 만났지. 박사는 자신의 제자인 제인 구달이 탄자니아에서 침팬지 관찰을 열심히 하여 큰 성과를 올리고 있다고 포시에게 열정적으로 이야기했어.

리키 박사와 헤어진 포시는 고릴라를 만나려는 꿈을 실현하기 위해 콩고민주 공화국에 들어가 해발 3,111미터나 되는 고지인 카바라로 향했어. 그곳에서 우연히 고릴라 다큐멘터리를 촬영하던 영국인 부부를 만났단다. 부부는 아프리카 케냐에 살고 있었는데 친절하게도 자기들이 발견한 고릴라 관찰 장소에 포시를 데려가 주었어. 포시는 거기서 난생처음으로 마운틴 고릴라를 만났어.

"드디어 고릴라를 만났어. 고릴라는 세상 사람들이 말하는 흉악한 맹수가 아니야. 내가 보기에는 평화를 사랑하는 온화한 동물이지."

그런데 포시의 여행 기한이 끝났어. 어쩔 수 없이 미국에 돌아왔지만 머릿속은 아프리카에서 만난 고릴라로 가득 찼어. 하지만 다시 고릴라를 만나고 싶어도 은행에서 빌린 돈 때문에 당장은 갈 수가 없었지.

그로부터 3년 후 포시에게 돌연히 기회가 찾아왔어. 리키 박사를 다시 만난 거야. 리키 박사는 강연에서 이렇게 말했어.

"조지 섈러 박사의 노력으로 고릴라의 생태를 많이 알게 되었습니다. 그러나 아직 불충분합니다. 모자란 연구를 해야 하는 건 바로 우리 같은 인류학자들인데, 알다시피 저는 이제 늙었습니다. 고릴라 연구를 해 줄 연구자의 출현을 고대합니다."

강연이 끝난 뒤 포시는 리키 박사에게 "꼭 저를 보내 주십시오. 고릴라 연구를 시켜 주세요!"라며 간절히 부탁했어.

리키 박사는 포시가 동물학을 전문으로 연구한 사람이 아니었지만, 그 열의에 감동해서 고릴라 연구원 자리를 주고 연구에 필요한 자금을 지원하는 등 여러 도움을 주었지.

나 스스로 고릴라가 되는 거야

1967년 1월, 포시는 처음으로 고릴라를 만난 콩고 민주 공화국의 카바라에서 연구를 시작했어. 콩고 민주 공화국은 벨기에서 독립한 이후 내전이 계속되고 있었어. 그래서 샐러 박사를 비롯한 연구자들은 모두 위험을 피해 떠나갔지. 그런데도 포시는 카바라에서 계속 살 각오를 다지고 온 거야.

카바라에서 포시를 환영하며 나타난 것은 정작 고릴라가 아니라 코끼리였어. 코끼리뿐만 아니라 들소나 멧돼지 무리가 날마다 찾아와 포시가 먹기 위해 심은 채소를 다 먹고 갔지. 열악한 환경이었지만 그래도 고릴라 무리를 관찰할 수 있어서 포시는 행복했어.

그러던 중에 반란군이 포시를 연행하는 사건이 일어났어. 반란군의 장군이 자신의 안전을 위해 외국인인 포시를 인질로 잡은 거야.

"인질 작전이 끝나서 필요가 없게 되면 당신은 어떻게 될지 몰라."

그사이 얼굴을 익힌 반란군 하나가 포시에게 슬그머니 일러 주었지. 포시는 반란군이 국경을 넘어 우간다로 들어갈 때 간신히 도망쳤어. 이렇게 생명의 위협을 받는 상황에서도 포시는 끝내 미국으로 돌아가지 않았어. 1967년 포시는 르완다 공화국의 동물 보호구에 '카리소케 연구 센터'를 세우고 다시 연구를 시작했단다. 마운틴고릴라가 사는 곳은 콩고 민주 공화국, 르완다, 우간다 등 세 나라의 국경 지대에 걸쳐 있는데, 콩고 민주 공화국과 르완다에 걸쳐 있는 산인 카리심비산의 '카리'와 비소케산의 '소케'를 합쳐 연구 센터의 이름을 '카리소케'라고 지은 거야. 마운틴고릴라를 관찰하기에 가장 좋은 두 산 사이에 연구소를 지었거든. 하지만 말만 동물 보호구이지 정부 직원들은 아무 일도 하지 않았고 심지어는 밀렵자와 내통했어. 그뿐만 아니라 보호구인데도 소를 데려와 풀을 먹이는 주민도 있었어. 고릴라는 아무도 밟지 않은 새잎을 먹는데, 소는 단단한 발굽으로 고릴라가 좋아하는 식물을 짓밟아 버리지. 그러면 새잎이 나기도 어려워져.

'저걸 그대로 두면 고릴라의 먹이가 없어질 텐데…….'

포시는 걱정 속에서 어떻게 하면 고릴라와 만날 수 있을지 고민했단다.

먼저 고릴라의 생태를 연구한 뛰어난 야생 생물학자 조지 섈러 박사의 연구 방법을 따르기로 했지. 섈러 박사는 먹이로 고릴라를 유인하는 게 아니라, 자기 존재를 고릴라에게 알렸어. 고릴라가 사람이 곁에 있는 것을 익

숙하게 여기도록 말이야.

포시도 자기의 존재를 고릴라들에게 알려 그들이 도망가지 않는 거리까지 접근했지. 그러나 그 이상의 성과가 없었어. 포시는 샐러 박사보다 한 발 더 획기적인 방법을 생각해 냈어.

"그래! 내가 스스로 고릴라가 되는 거야!"

고릴라의 몸짓이나 소리를 흉내 내고 그들과 같이 행동하는 거야. 세상에, 고릴라 무리가 자신을 받아들여 줄 때까지 철저하게 고릴라 흉내를 냈단다. 또 고릴라와 같은 소리를 내고, 고릴라처럼 걸었지. 고릴라 무리를 어떻게든 따라다니기 위해서 고릴라 분변 검사도 꾸준히 했어.

고릴라와 가까워지는 일은 여간 위험한 게 아니야. 포시는 고릴라들을 자세히 보려고 나무 위로 올라가기도 하고, 고릴라들이 밀렵꾼의 덫에 걸리지 않도록 덫을 제거하다가 깊은 함정에 빠지기도 했어.

당연히 음식도 고릴라가 먹는 것을 먹어야 했어. 고릴라가 즐겨 먹는 식물 중 하나가 자이언트 셀러리야. 포시는 고릴라 눈앞에서 그걸 먹음으로써 신뢰를 얻으려고 했어. 고릴라의 눈은 날카로워. 먹는 척하고 있으면 가까이 다가와서 진짜 먹는지 확인을 해. 포시는 어쩔 수 없이 쓴맛 나는 커다란 셀러리를 눈물을 흘리며 먹었단다.

이러한 노력 덕분에 포시는 고릴라와 친구가 될 수 있었어. 그리고 고릴라와 행동을 같이하면서 많은 것을 알게 되었어. 고릴라는 야행성이 아니라 낮에 주로 움직인다는 것, 매일 새로운 침대를 만들어 잔다는 것, 다른 동물을 잡아먹는 침팬지와는 달리 채식주의자라는 것, 고릴라 암컷은 태

어난 무리를 떠나 다른 무리의 수컷과 결혼한다는 것, 그리고 무의미한 싸움을 될수록 피하려는 평화주의자라는 것 등이었지.

밀렵자와의 싸움

포시가 행동을 같이하던 고릴라 무리 가운데서 밀렵자가 놓아둔 올무의 희생자가 나왔어. 밀렵자들은 처음에는 고릴라를 잡지 않았지만 고릴라가 유명해지자 차츰 고릴라에게 총부리를 겨누었어. 밀렵자들은 먼저 강한 수컷을 죽인 다음에 암컷을 죽였어. 그리고 엄마 곁을 떠나지 않는 새끼를 손쉽게 생포했지.

최악의 경우 고릴라 한 마리를 잡으려는 밀렵자들에게 고릴라 무리 전체가 희생될 때도 있었어. 죽은 고릴라의 고기는 고릴라를 먹으면 강해진다는 미신을 믿는 사람에게 팔고, 남은 두개골도 백인들에게 비싸게 팔았어. 무엇보다 생포한 새끼를 동물원에 가장 비싸게 팔았지.

혼자 숲에 들어가 밀렵자가 설치해 놓은 올무를 부수는 일은 언제나 포시의 주요한 일과였어. 그곳은 나라에서 관리하는 국립 공원이어서 정부가 고용한 직원도 있었지만 그들은 대부분 밀렵자들과 한편이었지.

'이대로 가다가는 고릴라가 멸종되고 말겠어. 내가 어떻게 해야 할까?'

포시는 절박한 심정으로 1978년에 순찰대를 조직했어. 혼자서는 고릴라를 지킬 수 없었으니까. 이미 마운틴고릴라의 수는 300마리까지 줄어든 상태였어. 포시는 아무리 순찰대를 만들고 올무를 부숴도 고릴라를 살리는 데 효과가 없다는 걸 잘 알고 있었어. 그곳에 사는 주민들이 고릴라를 비롯한 야생 동물 보호의 중요성을 스스로 인식하지 않으면 해결되지 않는 일이란 걸 말이야.

포시는 점점 고릴라 연구의 세계적인 권위자로 학계에 알려졌어.

포시는 고릴라에 대한 사람들의 잘못된 인식을 바꾸기 위해 카리소케 연구 센터에서 고릴라를 관찰하고 연구한 내용을 글로 정리하기 시작했단다. 그리고 1983년에《안개 속의 고릴라》라는 책을 펴냈어. 책은 세계적으로 큰 반향을 불러일으켰어.

비로소 포시는 책을 통해 고릴라가 흉악한 맹수가 아니라 가족을 사랑하는 평화로운 동물이라는 것, 먹이를 얻을 수 있는 충분한 활동 영역이 마련

된다면 다른 무리와 함부로 싸우지 않는다는 것 등 여태까지 알려지지 않았던 고릴라의 진짜 모습을 세상 사람들에게 알리는 데 성공했어.

그런데…….

포시는 1985년 12월 26일에 누군가에 의해서 암살당했어. 범인은 잡히지 않았어. 아마도 고릴라를 보호하는 포시를 눈엣가시처럼 여기던 밀렵꾼이었을 거라고 추측할 뿐……. 포시는 자기가 거두어 묻어 준 고릴라들 곁에, 연구 센터 부근에 묻혔어. 지금도 많은 사람이 포시와 고릴라들의 무덤을 찾아가.

이후 포시의 생애는 〈정글 속의 고릴라〉란 영화로 만들어졌고, 포시가 고릴라 보호를 위해 세운 기금은 '다이앤 포시 고릴라 기금'으로 이름이 바뀌었단다. 포시가 직접 세웠던 카리소케 연구 센터는 1994년에 르완다 군인들에 의해 파괴되었지만, 현재는 산 아래 마을에 근대적인 건물로 옮겨 활동을 계속하고 있어. 이곳에서 다이앤 포시 고릴라 기금을 운영하며, 지금도 고릴라를 위한 연구와 보호 활동을 이어 가고 있어.

비룽가 화산 지대 고릴라 서식지에 있는 다이앤 포시의 무덤. 평소 친구처럼 지내던 고릴라들의 무덤 옆이다. 이름 위에 쓰인 '니라마카벨리'는 '남편 없이 홀로 숲속에 사는 나이 든 여자'라는 뜻으로 지역 주민들이 부르던 별명이다. 묘비에는 "누구도 그녀보다 고릴라를 사랑한 사람은 없었다."라고 새겨 있다.

4 고릴라는 평화주의자

굿, 그흠

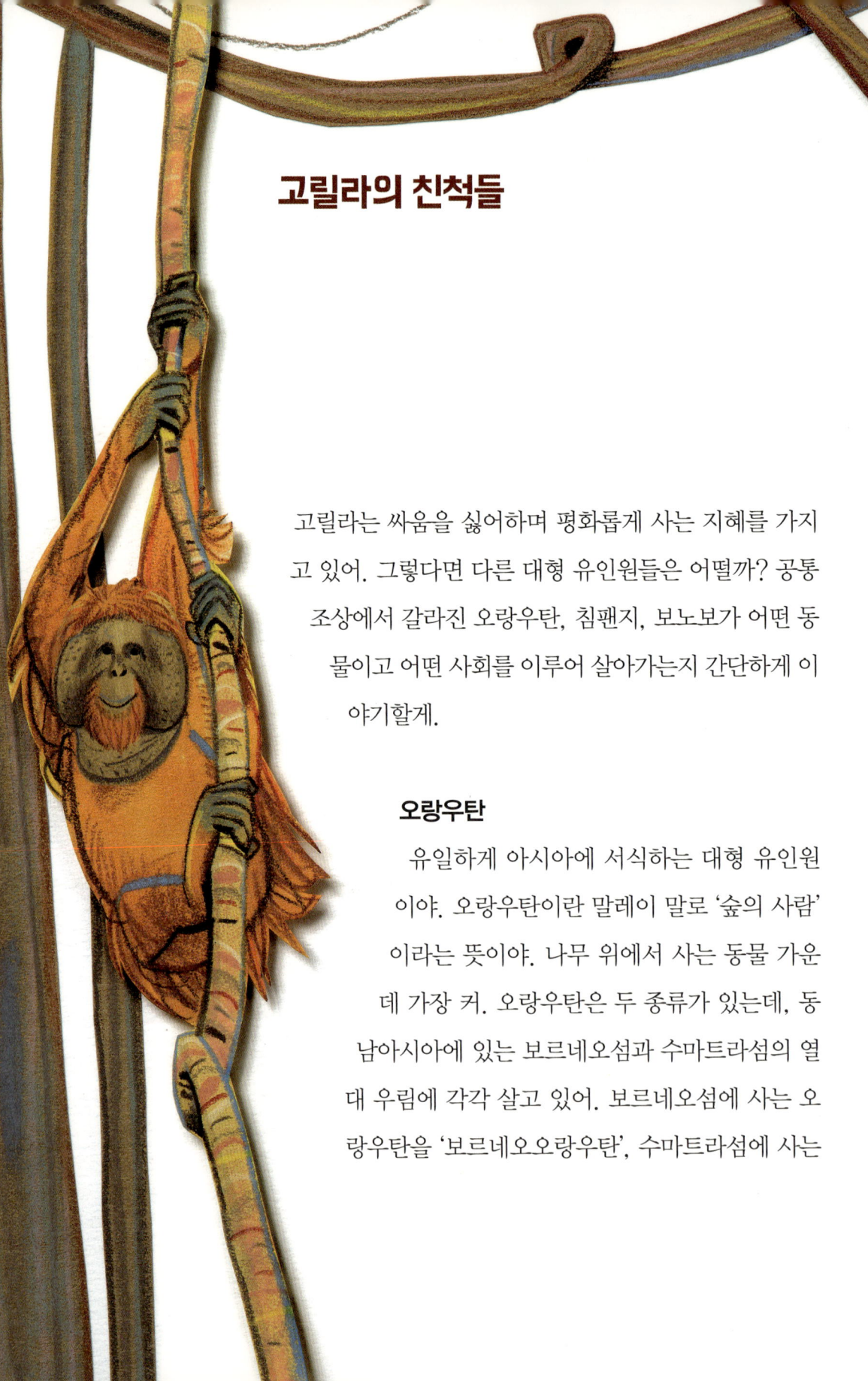

고릴라의 친척들

고릴라는 싸움을 싫어하며 평화롭게 사는 지혜를 가지고 있어. 그렇다면 다른 대형 유인원들은 어떨까? 공통 조상에서 갈라진 오랑우탄, 침팬지, 보노보가 어떤 동물이고 어떤 사회를 이루어 살아가는지 간단하게 이야기할게.

오랑우탄

유일하게 아시아에 서식하는 대형 유인원이야. 오랑우탄이란 말레이 말로 '숲의 사람'이라는 뜻이야. 나무 위에서 사는 동물 가운데 가장 커. 오랑우탄은 두 종류가 있는데, 동남아시아에 있는 보르네오섬과 수마트라섬의 열대 우림에 각각 살고 있어. 보르네오섬에 사는 오랑우탄을 '보르네오오랑우탄', 수마트라섬에 사는

오랑우탄을 '수마트라오랑우탄'이라고 불러. 학자들은 이 두 종의 오랑우탄이 약 170만~150만 년 전에 갈라졌다고 추정해.

　오랑우탄의 몸무게는 수컷이 약 60~85킬로그램, 암컷이 약 30~45킬로그램이란다. 암컷은 수컷 몸무게의 절반쯤밖에 안 돼. 온몸이 적갈색의 긴 털로 덮여 있는 수컷은 얼굴의 양옆 볼에 지방 덩어리가 불룩 부풀어 오르고 목 밑에 주머니가 발달해. 수마트라오랑우탄의 부푼 볼과 목주머니는 보르네오오랑우탄보다 납작하지만 보르네오오랑우난보나 더 밋진 턱수엄을 가지고 있어.

　부푼 볼과 목주머니는 강한 수컷의 상징으로, 암컷은 볼과 목주머니가 잘 발달한 수컷을 더 좋아한단다. 또한 다 자란 어른 수컷은 '롱 콜'이라고 하는 아주 긴 소리를 내면서 다른 오랑우탄이 가까이 접근하지 못하도록 경계하는데, 이 소리는 사방 2킬로미터까지 들린다고 해.

오랑우탄은 과일을 즐겨 먹는데, 과일이 없을 때면 나무껍질이나 잎, 흰개미나 개미 같은 곤충, 때로는 작은 동물도 먹어. 한 조사에 따르면 오랑우탄의 먹이 종류가 400종에 달한대.

오랑우탄은 대형 유인원 가운데서도 유일하게 무리가 아닌 단독으로 생활하는 동물이야. 세력권은 없지만 암컷을 놓고 수컷끼리 싸워. 하지만 암수가 같이 있는 건 짝짓기 때뿐이야. 태어난 새끼는 암컷이 혼자서 키우는데, 세 살쯤까지 젖을 먹이지. 보르네오오랑우탄은 여섯 살에서 여덟 살, 수마트라오랑우탄은 여덟 살에서 열 살 때에 엄마 곁을 떠난단다. 암컷은 새끼가 독립할 때까지는 짝짓기를 하지 않기 때문에 보르네오오랑우탄은 6~7년마다, 수마트라오랑우탄은 약 9년마다 새끼를 낳아.

오랑우탄은 침팬지 못지않게 지능이 아주 높아. 야생에서는 도구를 거의 안 쓰지만 동물원에서 사육하는 오랑우탄에게 도구를 쓰는 방법을 가르치면 금세 이해하고 그 도구를 사용해. 침팬지가 할 수 있는 일은 오랑우탄도 모두 할 수 있어.

오랑우탄은 최근 100년 사이에 그 수가 90%나 줄어든 것으로 보고 있단다. 나무 위에서 생활하기 좋게 진화해 온 그들은 숲이 없어지면 살 수가 없기 때문이야. 오랑우탄의 천적은 계속 숲을 베어 내고 개발하는 인간인 거지.

보르네오오랑우탄은 45,000~69,000마리, 수마트라오랑우탄은 7,300마리 정도가 살고 있다고 해.

모성을 되찾은 오랑우탄 '보미'

서울대공원에서 인기가 높았던 오랑우탄 '보미'는 2003년 12월에 서울대공원에서 태어났어. 엄마 젖이 안 나와서 할 수 없이 사육사들이 키웠는데, 열 살이 된 2013년 1월에 엄마가 되었어. 그런데 사람이 키운 보미가 새끼를 제대로 안거나 젖을 먹일 수 있을까?

불안은 현실이 되었어. 보미가 20일 만에 새끼를 품에서 내보낸 거야. 새끼는 긴 세월 늘 엄마와 함께 지내며 먹이를 찾는 법부터 오랑우탄의 말이나 상식을 배워야 하는데, 보미는 그러지 못했잖아. 보미가 새끼를 돌보지 않으면 보미의 새끼 역시 오랑우탄이 꼭 배워야 할 것들을 모른 채 성장하게 돼.

동물원은 보미에게 학습 훈련을 시키기 시작했어. 보미가 모성을 되찾아 새끼를 직접 키우겠다는 마음을 먹게 하려고 온갖 노력을 다했지. 유인원 연구에서 세계적으로 유명한 일본 교토 대학의 협력도 받았어. 그 결과 보미는 모성을 되찾아서 6개월 만에 새끼를 다시 돌보게 되었어. 엄마와 다시 만난 새끼 오랑우탄의 이름은 '보물'이란다. 하지만 보미는 보물이가 자라는 모습을 지켜보지 못하고 얼마 지나지 않아 세상을 떠났어. 보물이는 사육사의 도움을 받으며 자라고 있어.

침팬지

침팬지는 아프리카에서도 적도가 지나는 중부와 서부에 사는데, 열대 우림만이 아니라 나무가 적고 곳곳에 초원이 펼쳐진 숲에도 살아. 땅과 나무 위 양쪽을 오가며 지내고, 땅에서 걸을 때는 고릴라처럼 너클 보행을 해.

침팬지의 몸무게는 수컷이 약 55킬로그램, 암컷이 약 40킬로그램이야. 온몸이 검은색이지만 나이가 들면서 인간처럼 백발이 나오거나 머리카락이 빠져서 대머리가 되기도 한단다.

침팬지는 오랑우탄이나 고릴라에 비해 표정이 풍부해. 동료들과 소통하는 능력이 높고 사교성도 좋아. 하지만 기분 변화가 아주 심해.

침팬지는 여러 마리의 암컷과 수컷이 모여 사는데, 20~120마리가 큰 무리를 지어 살아. 이렇게 많은 수가 함께 살면 먹이가 부족할 수도 있겠지? 그래서 보통은 동맹 관계를 맺은 수컷, 암컷과 새끼 등으로 이루어진 작은 무리로 나뉘어 살고 구성원은 자주 달라진단다. 수컷은 나고 자란 무리에서 그냥 계속 살지만 암컷은 다 자라기 전에 다른 무리로 옮겨. 암컷은 열다섯 살이 넘으면 출산할 수 있고 4~6년마다 새끼를 낳아.

야생의 침팬지는 반드시 무리에 속해 있어. 침팬지 사회에는 뚜렷한 서열이 있는데, 높은 서열을 차지했을 때 얻을 수 있는 유리한 이득 때문에 자신의 사회적 지위를 지키기 위해 온갖 힘을 다한단다. 심지어는 자기 집단 내의 수컷을 죽이기까지 해.

또한 무리와 무리의 관계는 늘 적대적이어서 집단으로 다른 무리를 습격하여 그 무리의 수컷을 죽이고 활동 영역과 암컷을 차지하기도 해. 그뿐만 아니라 수컷이 새롭게 자기 무리에 들어온 암컷의 새끼를 죽일 때가 있어. 이건 아마도 자기 무리의 새끼가 아니기 때문일 거야. 결과적으로 새끼를 잃은 암컷은 그 무리의 수컷과 짝짓기를 한 후 다시 새끼를 낳아서 무리의 성원이 되는 거야.

침팬지의 주식은 과일이지만 과일이 없으면 씨앗, 잎사귀, 나무줄기, 벌꿀, 곤충과 작은 동물도 먹어. 도구를 이용해서 흰개미나 개미를 먹기도 하고, 몇 마리가 힘을 합쳐 원숭이, 멧돼지, 가젤 등의 새끼를 사냥하기도 해. 침팬지는 현재 17만~30만 마리 정도가 살고 있을 거라고 추정한단다.

침팬지에게 바친 생애, 제인 구달

'리키의 세 자매'인 제인 구달이 아프리카 탄자니아에서 침팬지 관찰을 시작한 건 1960년, 구달이 26세 때였어. 구달은 영국에서 비서가 되는 학교를 졸업했고 박사 칭호는커녕 동물을 연구한 경험조차 없었어. 하지만 동물을 사랑했던 구달은 세계적인 고인류 학자였던 루이스 리키 박사의 도움을 받아 침팬지 연구에 도전한 거야.

처음에는 악전고투의 연속이었으나 어느 순간 회색의 턱수염을 가진 수컷 침팬지가 구달을 도와줘. 구달은 그 침팬지에게 '회색 수염 데이비드'라는 이름을 지어 주었단다. 수컷 침팬지 덕분에 제인 구달은 여태까지 알려지지 않았던 세 가지의 획기적인 발견을 할 수 있었어.

1. 초식을 한다고 알려졌던 침팬지가 다른 동물의 고기도 먹는다.
2. 도구를 쓴다.

여태까지는 도구를 쓰는 존재는 오직 인간뿐이라고 생각했거든. 동물과 인간의 근본적인 차이도 도구 사용 여부에 있다고 보는 설까지 있어서 이 발견이 가장 큰 논쟁거리가 되었단다. 당시에는 침팬지가 도구를 쓴다 해도 도구를 만들 수 있는 것은 역시 인간뿐이라고 생각했어. 그런데 구달은 한 가지를 더 발견한 거야.

3. 침팬지가 스스로 도구를 만든다.

그저 떨어져 있는 나뭇가지를 주워서 흰개미를 잡는 게 아니라 흰개미를 효과적으로 잡기 위해 가지에서 잎을 떼어 내고 다듬어 도구로 만들었다는 걸 알아냈단다.

하지만 이런 구달의 역사적인 발견을 제대로 인정해 주지 않는 사람도 많았어. 박사 칭호가 없다는 이유 때문이었지. 리키 박사는 구달이 대학에서 박사 학위를 받을 수 있도록 도와주었고, 1965년에 구달은 박사가 되었어.

박사가 된 구달은 다시 탄자니아로 돌아왔어. 1975년, 탄자니아 옆의 콩고 민주 공화국에서 들어온 반란군에게 연구자들이 납치당할 정도로 위험한 환경이었지만 구달은 연구를 계속했단다.

1986년 방대한 연구 기록이 담긴 《곰베의 침팬지》를 펴낸 구달은 보다 큰 사명을 위해 현장에서 침팬지를 연구하는 활동을 끝냈어. 침팬지 연구의 중요 성과를 세계 각지에 알리는 데 힘을 집중하기로 한 거야. 제인 구달은 1년 365일 중에 무려 300일 넘게 전 세계를 돌아다니며 셀 수 없을 만큼 많은 강연을 하고 있어. 제인 구달이 침팬지를 연구하기 시작해서 그들의 대변자가 된 지 벌써 50년이 넘었어. 구달의 활동은 오늘도 계속된단다.

보노보

보노보는 아프리카 한복판에 위치한 콩고 민주 공화국의 열대 우림에 살고 있어. 과거에는 침팬지의 아종이라 생각해서 '피그미침팬지'라고 불렀으나, 지금은 공통 조상으로부터 약 200만 년 전에 침팬지와 갈라졌다는 게 밝혀져서 침팬지와는 다른 종이라고 생각한단다. 보노보가 사는 곳과 침팬지가 사는 곳 사이에는 콩고강이 있어서, 헤엄쳐 서로 오갈 수가 없어. 공통 조상에서 가장 늦게 갈라졌지만 교류를 하지 못해서 서로 다르게 진화한 것으로 추정하지.

보노보는 보통 침팬지보다 덩치가 작은데 몸매가 날씬하고 다리는 더 길어. 침팬지보다 등을 곧게 펼 수 있어서 더 자주 쉽게 두 다리로 걸어 다녀.

몸무게는 수컷이 약 39킬로그램이고, 암컷이 약 31킬로그램이야.

보노보는 20~100마리 정도의 암컷과 수컷이 무리를 지어 생활하는데, 그 안에서도 계속 작은 무리를 만들어. 침팬지처럼 수컷은 태어난 무리에 남고 암컷은 다른 무리로 이동해.

침팬지와 뚜렷하게 다른 점은 공격성이 적고 평화를 사랑한다는 거야. 침팬지는 다른 무리를 습격하여 죽이기도 하지만 보노보는 다른 무리 사이에서도 털 다듬기를 하거나 짝짓기를 해서 싸움을 피해. 또한 침팬지 사회에는 엄격한 서열이 있지만, 보노보는 경쟁보다 협력을 중요하게 여겨. 침팬지는 수컷이 동맹을 맺는 수컷 중심의 사회이지만, 보노보는 암컷이 동맹을 맺는 암컷 중심의 사회라는 점도 다르단다.

암컷이 사회를 지배해서 그럴까? 보노보 무리에서는 침팬지처럼 다른 무리에서 들어온 암컷의 새끼를 죽이는 일은 아직까지 관찰되지 않았어.

보노보의 가장 독특한 점으로 다양한 짝짓기 행동을 들 수 있어. 보통 동물은 번식이 가능한 시기에만 짝짓기 행동을 하는데, 보노보는 번식으로 이어지지 않는 암수의 짝짓기와 동성끼리의 짝짓기 행동을 자주 한다고 해. 이 짝짓기 행동은 집단 내 긴장을 완화하여 평화롭게 사는 네 큰 역할을 한다고 추측해.

보노보는 과일을 즐겨 먹고, 곤충과 작은 동물도 먹어. 현재 2만 마리 이하로 추정한단다.

박물관에서 발견된 보노보

침팬지는 언제 사람들에게 알려졌을까? 유럽에서는 꽤 일찍 침팬지를 알고 있었어. 정확한 기록은 없지만 16세기에 이미 그 존재를 알고 있었지. 그런데 보노보는 1928년에 처음으로 발견됐어. 그것도 우연하게.

독일의 동물학자 에른스트 슈바르츠*는 벨기에의 브뤼셀에 있는 박물관에서 침팬지의 박제를 보고 있었어. 그런데 아무리 보아도 다른 침팬지와 달라 보이는 거야. 해부학자이기도 한 슈바르츠는 의문을 가지고 작은 두개골을 연구한 끝에 새로운 종류의 침팬지를 발견했다고 발표했어. 슈바르츠가 우연히 발견한 이 침팬지는 보통 침팬지보다 몸집이 한층 작았기 때문에 침팬지의 아종이라 여겨 '피그미침팬지(난쟁이침팬지)'라고 불렀지. 나중에 침팬지와 다른 종으로 밝혀져서 '보노보'라는 독자적인 이름으로 부르게 되었어.

'마지막 유인원'이라고도 하는 보노보가 아프리카 정글이 아닌 유럽의 박물관에서 발견되었다는 사실은 참 재미있어. 혹시 우리 박물관에도 아직 발견되지 않은 새로운 종이 숨어 있을지 모르니 눈을 크게 뜨고 잘 살펴보렴.

나뭇가지로 개미를 잡는 보노보
보노보도 도구를 쓸 줄 안다. 나뭇가지를 개미집 속에 집어넣어 개미를 효과적으로 잡아먹는다.

고릴라 무리에는 서열이 없어

치열한 야생에서 서열이 없다는 게 무슨 말이냐고? 고릴라 이야기를 하기 전에, 고릴라처럼 유인원에 속하는 침팬지들을 먼저 살펴보자. 침팬지 사회에는 엄격한 서열이 있다고 했지? 서열이란 집단 안에서의 순위를 뜻하는데, 서열이 아래인 침팬지는 서열이 더 높은 침팬지에게 복종해야 해. 암컷은 새끼를 낳을 나이가 되면 태어난 무리를 떠나지만, 일평생 한 무리에서 살아야 하는 수컷에게는 무리 안에서 서열을 높이는 일이 자신의 생사를 좌우할 만큼 아주 중요한 문제야. 따라서 살아가는 데 유리한 높은 서열을 얻기 위해서라면 무엇이라도 해.

서열이 낮은 침팬지끼리 연합하여 높은 서열의 침팬지를 공격하는 일도 자주 일어나. 서열이 가장 높은 수컷은 2위와 3위가 연합하는 걸 늘 경계하지. 그래서 서열 1위는 서열 2위에게 귀중한 고기를 내주는 등 자기 지위를 지키기 위해 힘만이 아니라 머리를 써서 전략도 세운단다.

일본 연구자가 관찰한 권력 다툼을 하나 소개해 줄게. 60마리쯤 되는 어느 침팬지 무리에서 있었던 일이야. 인간의 나이로 치면 30대 후반쯤이고,

4년 동안 무리를 이끌어 온 25세 '아로프'에게 19세인 젊은 '빔'이 도전해 왔어. 그렇다고 당장 맞붙지는 않아. 직접 싸워서 희생자라도 나오면 무리가 약해져서 다른 무리에게 습격당할 수 있으니까. 아로프와 빔은 소리를 지르고 높이 뛰어오르는 등 서로의 힘을 과시하는 고릴라의 드러밍 같은 행동인 '디스플레이'로 날마다 싸웠어. 그런데 결론이 나지 않았어.

무리는 아로프를 지지하는 쪽, 빔을 지지하는 쪽으로 나뉘어 분열하기 시작했어. 단결력이 약해지면 다른 무리에게 침략당해 세력권을 빼앗길 수도 있기 때문에 무리 전체가 위험에 빠질 수 있는 상황이었지. 아로프와 빔은 나이 많은 44세 수컷 카룬데에게 서로 자신을 지지해 달라고 부탁했어.

과연 어느 쪽이 리더로 적합할까? 카룬데는 결론을 내렸어. 다들 보는 앞에서 아로프를 모욕하는 행동을 하여 자신이 빔을 지지함을 알린 거야.

무리의 침팬지들은 잇따라 빔한테 다가가 복종의 의사를 보이는 행동을 했어. 새로운 리더가 탄생한 거지. 마지못해 아로프도 빔에게 복종하는 것으로 권력 다툼은 끝났어. 이런 모습 어딘가에서 본 것 같지 않니?

침팬지 말고도 원숭이 무리에도 서열은 있어. 서열 낮은 원숭이는 자기보다 서열 높은 원숭이 앞에서 절대 먹이에 손을 대지 못해. 아무리 새끼라 해도 엄마의 먹이를 가져가진 못한단다. 부모와 자식 사이인데도 말이야.

그럼 고릴라의 경우는 어떨까? 역시 고릴라도 리더인 실버백이 가장 맛있는 과일을 차지하고, 누구보다도 먼저 먹을까?

아니, 고릴라 무리에는 우두머리의 역할은 있으나 서열은 없어. 먹이는 모두 함께 나누어 먹어. 다른 동물이라면 생각할 수 없는 일이지만, 고릴라 무리에서는 가능해.

　어떤 수컷이 풀을 먹고 있는데 어린 고릴라나 암컷이 그 풀을 먹고 싶다며 수컷에게 자리를 옮겨 달라고 부탁하는 일도 있어. 그러면 수컷은 스스로 자리를 비켜 준단다. 하지만 부탁하는 고릴라가 자기보다 나이가 더 많거나 동등한 수컷이라면 모르는 척 무시해. 그만큼 약한 자에게 친절한 사회란 뜻이야. 이렇듯 고릴라 무리에는 힘에 따른 위아래 관계, 즉 서열이 없어.

　하지만 사랑에 따른 서열은 있는 것 같아. 실버백에게 사랑을 얼마나 받느냐에 따라 암컷 사이에는 일정한 서열이 형성돼. 그런데 실버백의 사랑도 자주 변해. 따라서 암컷의 서열도 자주 달라지니 결국 암컷 사이에도 서열이 없는 것과 그다지 다르지 않아.

　그러면 무리와 무리 사이의 관계는 어떨까?

　침팬지는 먹이와 암컷을 차지하기 위해 다른 무리를 공격하지만 고릴라는 먹이를 독차지하겠다는 생각 자체가 전혀 없어. 위험을 느끼면 드러밍을 해서 경고를 하지만 다른 동물처럼 '이곳은 먹이를 확보하기 위한 나의 영토!'라고 주장하는 세력권 싸움은 없어.

　또한 암컷에 대해서도 포용력이 있어. 고릴라는 암컷이 다른 무리로 이동한다고 했잖아. 다른 동물은 암컷을 독차지하려고 죽을힘을 다해 지키며 자기 세력권에서 도망가려는 암컷이 있으면 때로는 죽이기도 해. 물론 실버백도 암컷이 다른 무리로 가지 않도록 애쓰지만 그렇다고 폭력을 쓰지는 않으며, 떠나 버린 암컷을 집요하게 쫓아다니는 일도 없어.

고릴라의 싸움 피하는 기술

우정을 단단하게 하는 놀이

어린 고릴라는 정말 잘 놀아. 아직 조그마한 고릴라들의 "야, 같이 놀자!"라는 '말'은 상대의 얼굴을 들여다본 뒤에 드러밍을 하는 거야. 아직 가슴이 작기 때문에 배를 친단다. "그꺼 그꺼 그꺼" 하고 웃으면서 배를 두드리지. 상대도 드러밍을 하면 성공. 이때부터 뒤쫓기, 레슬링, 덩굴에 매달리는 놀이가 시작돼.

높은 곳에 올라가 실버백처럼 드러밍을 하는 놀이도 해. 다른 친구도 높은 곳에 올라가서 지지 않으려는 듯 드러밍을 하지.

여러 마리의 어린 고릴라가 줄줄이 서서 앞 친구의 허리를 잡고 뱀처럼 다 함께 움직이는 놀이도 있어. 이걸 '뱀 댄스'라고 해. 뱀 댄스 놀이를 하려면 몸집이 큰 고릴라는 몸집이 작은 고릴라를 생각해서 힘을 조절해야 돼. 모두 즐거울 수 있도록 궁리를 해야 하지.

고릴라 놀이에는 세 가지 규율이 있단다.

① 상대에게 놀이를 강요하면 안 돼. 자신이 힘이 세다고 약한 고릴라를

억지로 놀이에 참가시키면 안 된단다.

② 즐거워야 돼. 자기 혼자 즐거워도 소용이 없어. 무리가 모두 다 함께 즐거움을 느껴야 돼.

③ 모두의 마음을 하나로 모아야 해. 힘이 센 고릴라는 조심해서 힘을 조절하고, 도망치고 쫓는 놀이는 그 역할을 제때에 바꾸어서 다 같이 놀 수 있도록 마음을 합쳐.

어린 고릴라들은 이런 놀이를 통해서 서로 공감하는 법을 배워. 싸우지 않아도 되는 사회를 만드는 기초를 닦는 거야.

싸움이 일어나면 누군가가 중재

아무리 고릴라가 싸움을 싫어한다 해도 싸움이 아예 없을 순 없지. 무리 생활을 하다 보면 반드시 서로 다른 주장이 충돌하면서 싸움이 벌어지는 법이거든. 암컷들이 화를 내며 서로 물거나 어린 고릴라들이 싸우기 시작하면 꼭 찾아오는 게 무리의 리더인 실버백이야.

당당한 몸집을 가진 리더가 낮은 소리로 으르렁거리면 얼른 싸움을 멈춘단다. 그러고는 실버백이 고릴라의 법률에 따라 '나쁜 고릴라'에게 꾸지람을 해. 고릴라의 법률이란 뭘까?

먼저 공격하는 건 나쁜 일이야. 특히 몸집이 큰 고릴라가 자기보다 작은 고릴라를 공격하는 것을 아주 나쁜 일이라고 생각해.

원숭이나 침팬지 무리에서는 낮은 서열들이 힘을 합쳐 더 높은 서열과 싸울 때가 있어. 낮은 자들이 우세하면 "야! 이때까지의 억울한 한을 풀어 주겠어!" 하며 가담하는 자도 나와. 그런데 고릴라가 남의 싸움에 가담하는 일은 거의 없어. 아니, 오히려 나서서 싸움을 말리지.

그러면 실버백끼리 서로 싸우면 어떻게 하지?

무리 안에 실버백이 두 마리 있는 경우가 있어. 실버백과 그 뒤를 이을 후계자 아들이 함께 사는 경우야. 가족이라 해도 서로 의견이 맞지 않아 화를 낼 때가 있지. 화가 난 실버백 두 마리가 얼굴을 맞대고 노려보고, 세차게 가슴을 치며 드러밍을 하거나 땅을 발로 차. 보통은 어느 한쪽이 양보를 하지만, 가끔 어느 쪽도 물러서지 않을 때가 있어.

싸움을 말리고 중재를 하고 싶어도 실버백을 이기기는 쉽지 않잖아. 그럼 싸움의 결과가 나올 때까지 무리의 다른 고릴라들은 가만히 지켜보기만 할까?

아니야, 이때도 중재를 해. 놀라지 마. 실버백보다 작은 젊은 수컷이나 심지어는 어린 고릴라가 실버백끼리의 싸움을 중재해. 싸우고 있는 두 마리 가운데로 끼어들어서 두 마리의 얼굴을 번갈아 들여다보는 게 중재 방법이란다.

 실버백은 자기의 주장은 이제 다 이야기했으니 더 이상 집요하게 싸울 필요가 없어서 중재를 받아들여.

 '이긴 자'도 '진 자'도 없는 사회, 그것이 고릴라의 사회야.

 당연히 다른 무리의 실버백과 싸울 때도 있겠지. 이때도 고릴라는 싸움을 피하려고 드러밍을 해서 "가까이 오지 마!"라고 경고를 보내. 그래도 할 수 없이 싸워야 할 때면 싸우지. 그러나 상대가 죽을 때까지 싸우지는 않는단다. 드러밍은 가능하면 싸우지 않으려는 고릴라의 평화 유지 비결인 셈이야!

육아에 적극적인 실버백

고릴라 무리의 리더인 실버백은 새끼 고릴라를 기르는 데에도 열심이야.

새끼가 태어나면 먼저 암컷 고릴라가 1년 내내 새끼를 팔에 안고 젖을 먹여 보살핀단다. 1년이 지나 새끼 고릴라가 풀을 먹기 시작하면 암컷 고릴라는 실버백에게 새끼를 맡기고는 자리를 떠나. 새끼 고릴라는 처음에는 불안해하며 주변을 두리번거리지만 실버백 곁에 다른 새끼 고릴라들이 모여 있기 때문에 곧 안심한단다.

새끼 고릴라들은 실버백의 하얀 등을 기어오르고, 머리 위에 올라가거나 머리를 두드리기도 하면서 놀아. 실버백이 화를 내지 않을까? 아니야, 실버백은 너그러운 마음으로 새끼 고릴라들과 놀아 줘. 장난이 너무 심하면 부드럽게 떼어 내지. 먼저 태어난 고릴라들이 더 어린 고릴라를 괴롭히면 실버백이 바로 끼어들어서 혼을 내.

만약에 실버백이 새끼 고릴라를 돌보지 않는다면 암컷들은 다른 무리로 가 버릴 수 있어. 암컷과 새끼 고릴라들로부터 지지를 받아야만 실버백은 무리의 리더로 인정받는단다.

여러분 집의 '실버백'은 어때?

고릴라의 위기

열대 우림의 파괴

아프리카 적도에는 현재 180만 제곱킬로미터의 열대 우림이 있어. 지난 100년 사이에 절반 이상이 없어졌고, 지금도 해마다 1제곱킬로미터가 넘게 없어지고 있지. 아프리카에는 가난한 나라가 많아서 돈을 얻기 위해 할 수 없이 나무를 베어 내는 거야. 석유나 금 같은 지하자원을 채굴하기 위해 도로를 만들려고 숲을 없애기도 하고.

최근에는 휴대 전화 때문에 열대 우림의 파괴가 더 심해지고 있어. 휴대 전화를 만들려면 '탄탈럼'이라는 희귀 금속이 필요한데 이 금속은 마운틴고릴라 서식지에서 얻을 수 있거든. 이 금속을 얻기 위해 사람들이 마구잡이로 고릴라의 서식지를 파괴하고 있어.

그뿐만 아니라 가축을 키운다고 숲의 나무를 몽땅 베어 버리고 목장을 만들거나, 가축들을 데리고 고릴라의 서식지까지 밀고 들어가 풀을 먹이는 등 고릴라의 영역을 심각하게 침범하고 있어. 고릴라가 살 수 있는 공간이 점점 줄어들고 있지.

심각한 내전

1990년대에 고릴라가 사는 르완다, 콩고, 콩고 민주 공화국에서 내전이 일어났어. 오랫동안 식민지로 있다가 마침내 독립을 하자 '풍부한 자원을 누가 지배할 것인가?' 하는 문제가 생긴 거야. 욕심은 사람을 악마로 만들어 버리곤 해. 전쟁이 벌어지자 여러분과 비슷한 또래의 어린이가 병사가 되어 총을 메고 전쟁터로 나갔어. 전쟁으로 난민이 되거나 정부의 공격에서 도망친 반정부군이 고릴라 보호구로 몰려들었어. 고릴라를 지키려고 지정한 보호구에 사람들이 몰려와서는 먹을거리를 얻기 위해 야생 동물을 죽이고, 농사를 짓는다며 숲을 불태워 버렸지. 몸집이 큰 고릴라는 사냥의 표적이 되어서 많이 죽고 말았어. 전쟁을 싫어하여 평화로운 사회를 만들어 온 고릴라가 인간이 일으킨 전쟁의 희생자가 된 거야.

끝나지 않는 밀렵

과거에는 고릴라를 생포하려고 무리 전체를 다 죽이는 일이 많았어. 고릴라 보호가 세계적인 문제로 떠오르면서 이런 일은 많이 줄었지만 고릴라 밀렵이 아예 없어진 건 아니야. 밀렵으로 얻은 야생 동물의 고기를 '부시 미트'라고 하는데, 탐내는 사람이 꽤 있어서 높은 가격으로 판매되거든.

부시 미트는 원래 전통적으로 고릴라를 먹어 온 부족들이나 먹을 게 없었던 난민들만 먹었어. 그런데 이제는 부유한 사람들이 먹고 싶어 하는 바람에 밀렵이 끊이지 않고 있어. 유럽의 레스토랑에서는 부시 미트가 비싼 가격으로 은밀히 거래된다고 해. 고릴라나 침팬지 고기도 부시 미트에 속해서 전체 개체 수의 5~7%나 되는 고릴라가 부시 미트 때문에 죽임을 당했다는 조사 보고도 있어.

전염병

콩고 민주 공화국과 가봉에서는 에볼라 출혈열 때문에 많은 고릴라가 죽었어. 이 병은 1976년에 아프리카 남수단과 콩고 민주 공화국에서 크게 번지면서 세상에 알려졌어. 에볼라 바이러스에 감염되면 높은 열이 나고, 소화 기관이나 코에서 심한 출혈이 생기고 끝내 죽음에 이르지. 사망률이 높은 무서운 병이야. 이 에볼라 출혈열에 고릴라도 감염된다는 사실이 밝혀졌어. 2002년 세계 보건 기구(WHO)는 가봉 북부에 살던 서부로랜드고릴라 사체에서 에볼라 바이러스를 발견했다고 보고했어. 그러고는 옆 나라인 콩고의 북동부 지역에서 2002~2005년 사이에 3,500~5,500마리의 고릴라가 죽었다고 발표했어. 이곳에 사는 고릴라의 무려 98%가 죽은 거야.

이 밖에도 고릴라는 인간처럼 감기에 걸리는 경우가 많아. 특히 산에 사는 동부고릴라는 기온이 낮아서 기침을 하거나 콧물을 흘리는 경우가 많단다. 조사해 보니, 죽은 고릴라 중에 감기가 악화되어 폐렴에 걸린 상태로 밝혀진 고릴라도 많았어. 한편 낮은 지대에 사는 서부고릴라는 여러 기생충이나 피부병에 감염되는 경우가 많아. 열대 지방에 살아서 그런 거야.

고릴라에게 평화를!

평화를 사랑하는 고릴라가 오늘날 행복하게 살지 못하는 가장 큰 이유는 인간 때문이야. 그렇지만 위기에 빠진 고릴라를 지키려는 사람들의 노력도 점차 성과를 내고 있단다.

마운틴고릴라에 대해서는 다이앤 포시 박사가 설립한 다이앤 포시 고릴라 기금에서 세계적인 규모로 지원자를 모집해 보호 운동을 펼치고 있어. 그 덕분에 르완다, 우간다, 콩고 민주 공화국 정부의 인식도 많이 달라지기 시작했어.

이런 나라에서는 현지 주민과 힘을 합쳐 야생 고릴라를 보러 가는 '고릴라 생태 관광'을 진행해. 그 수입의 일부는 고릴라 보호 활동에 쓰여. 이 관광의 안내원 양성이나 지역 주민 교육은 유럽이나 미국의 비정부 단체가 열심히 하고 있단다. 또 벌채로 파괴된 숲의 재생을 위해 나무를 심는 사업도 활발히 벌이고 있어.

서부로랜드고릴라의 서식지는 아직 보호구나 국립 공원으로 지정되지 않은 지역이 많았는데, 유럽과 미국의 비정부 단체가 콩고, 카메룬, 가봉

정부에 요청해 보호구가 몇 개소 생겼어. 부시 미트 거래를 없애려는 노력도 함께 진행하고. 아직 주민 의식이 못 따라가는 것이 현실이지만 그래도 의미 있는 발걸음을 내디딘 셈이야.

우리나라는 아프리카와 떨어져 있으니 딱히 고릴라에게 영향을 주지 않는다고? 그렇지 않아. 우리나라는 세계에서 손꼽힐 정도로 휴대 전화를 많이 만드는 나라야. 또 새것을 좋아해 휴대 전화를 교체하는 주기도 짧은 편이고. 휴대 전화를 만드는 데는 탄탈럼이라는 희귀 금속이 필요해. 그걸 얻기 위해서는 마운틴고릴라의 서식지를 파괴할 수밖에 없으니 우리에게도 책임이 있어.

일본에서는 고릴라를 지키기 위해 2008년부터 '휴대 전화·고릴라'라는 운동을 벌이고 있어. 버리는 휴대 전화를 회수해서 얻은 수익금을 마운틴고릴라를 보호하는 아프리카 현지 단체에 기부하는 운동이야. 보통 휴대 전화 회수는 통신사에서 하는데 탄탈럼의 양이 적다고 대부분 재사용을 하지 않고 폐기한단다. 반면 '휴대 전화·고릴라'에서 회수한 휴대 전화는 완벽하게 탄탈럼을 수거해서 재사용하고 있어. 그래서 고릴라를 보호하자는 데 뜻이 있는 사람은 휴대 전화를 일반 통신사가 아닌 '휴대 전화·고릴라'에 넘긴단다. 이 운동은 휴대 전화 때문에 고릴라가 위기를 겪고 있다는 사실을 알리는 데 크게 이바지하고 있어.

평화를 사랑하는 고릴라가 행복하게 살게 되었다면, 그건 바로 인류가 전쟁을, 환경 파괴를 멈춘 때일 거야. 고릴라를 지켜 내는 길은 인류가 평화를 이룩하는 길과 다르지 않아!

| 작가의 말 |

고릴라와 함께 평화를 이루자!

아저씨는 일본 교토시에서 나고 자랐어. 교토시에는 일본에서 두 번째로 오랜 역사를 지닌 '교토시동물원'이 있어. 1970년에 일본에서 처음으로 고릴라 번식에 성공한, 일본 고릴라 사육에 관한 한 손꼽히는 동물원이지. 2011년에는 1986년에 교토시동물원에서 태어난 암컷 고릴라 '겐키'가 새끼를 낳아 3세대 사육에도 성공했어. 이것도 일본에서 처음 있는 일이야.

아저씨는 2012년에 교토시동물원의 고릴라 비공개 시설, 즉 일반인이 못 들어가는 곳에 취재를 가는 특별한 기회를 얻었어. 앞에 말한 겐키를 숨결이 들리는 만큼의 거리, 손을 내밀면 만질 수 있을 만큼 가까운 거리에서 만나게 된 거야.

처음에 겐키는 나를 보고 흥분해서 이리저리 걸어 다니며 불안해했어. 당연한 일이지. 아저씨도 너무 가까이에서 고릴라를 만나니까 좀 무서웠거든.

그러자 담당 사육사는 낮은 소리로 "긋, 그흠" 하며 겐키에게 인사를 했어.

겐키는 사육사의 "긋, 그흠" 소리를 듣더니 태도가 확 달라졌어. 천천히 우리 바로 앞에까지 다가와서 가만히 앉았어. 그러고는 사육사에게 똑같이 "긋, 그흠" 했어. 그때 겐키 입에서 난 숨 냄새……, 1미터도 안 되는 거리에서 직접 들은 "긋, 그흠"이란 고릴라 소리 울림……, 다 생생하게 기억나.

아저씨도 얼른 "긋, 그흠" 했어. 몇 번이나 거듭했지만 겐키가 나한테는 관심을 주지 않았어. 그때 겐키와 사육사는 이런 대화를 했을 거야.

'뭐야 이놈, 처음 보는 모르는 사람이네. 어째서 여기 온 거야?'

'겐키, 이 사람은 고릴라를 알려고 찾아온 내 친구야. 수상한 사람이 아니야.'

'알았어. 당신의 친구라면 믿어 주겠어. 그런데 이 사람의 고릴라 말은 형편없어.'

사람이 고릴라와 소통하는 걸 직접 목격하고 나서 아저씨는 고릴라에 푹 빠졌어. 많은 책을 읽고 여러 동물원을 찾아 취재했어. 서울대공원의 고릴라 비공개 시설에도 들어가

'고리나'와 '우지지'에게 "긋, 그흠" 하고 인사했어. 역시 대답은 없었지만.

이런 취재를 통해 알게 된 건 고릴라가 싸움을 싫어하는 평화주의자라는 사실이야. 고릴라는 남과 자기가 '대등'한 걸 매우 중요시해. 그걸 알고 나니 고릴라가 더 좋아졌어.

고릴라도 싸울 때는 싸우지만 그건 남을 이기고 '승자'가 되기 위해서가 아니야. '이기는 것'이 아니라 '지지 않으려' 노력하는 거야. 수컷보다 덩치가 훨씬 작은 암컷도 절대 수컷에게 안 져. 수컷과 대등하게 지내려고 해. 수컷은 덩치가 아주 크고 힘이 세도 '내 말을 들어라!'며 뻐기지 않아. 상대와 자기가 대등하게 되려고 노력해.

무리의 리더인 실버백은 싸움이 벌어지면 먼저 손을 댄 자, 몸이 큰 쪽을 나무라. '대등이 가장 중요하다.'라는 그들 사회의 규칙을 어겼기 때문이지. 고릴라가 대등한 사회를 만들기 위해 힘쓰는 이유는 그러한 방식이 싸움을 막는 가장 유익한 수단이라서야.

우리 인간 사회는 어떨까? 서로 대등한가? 대등을 중요하게 여길까? '내 말을 들어!' 하며 으스대지 않으려고 노력할까?

인간 세상도 오랜 세월에 걸쳐 많은 노력을 기울이고 있어. 하지만 요즘에는 '대등'이 점점 희미해지고 있어. 사람 사이의 격차, 차별, 불평등이 생기고, 나라와 나라 간에도……. 이래서는 안 돼.

대등을 중요하게 여기지 않는 것, 결국 아래위 서열을 편하게 생각하는 게 인간의 본성일까? 아니, 오늘의 사회가 나빠서 그럴까? 그건 아직 아무도 몰라.

고릴라를 비롯한 대형 유인원 연구의 최종 목적은 그들을 '거울' 삼아 우리 인간을, 우리가 꾸리는 사회를 더 깊이 알기 위해서야. 유럽, 미국, 일본 등에서는 이런 연구를 오래전부터 꾸준히 해 와 많은 성과가 쌓여 있어. 아저씨가 이 책을 쓴 이유도 이 책을 읽은 친구들 중에서 이 분야 연구자가 나와 주기를 바라는 마음이 크기 때문이야.

고릴라에게 평화를 배운 친구들이 우리 주위를, 더 나아가 세계를 평화롭게 가꾸는 데 힘쓰기를 고대할게. 고릴라들과 말로 소통할 수 있는 사육사도 얼른 나와 주었으면.

"긋, 그흠!"

김황

| 참고 자료 |

〈책 속에 나온 인물들〉

프랜신 패터슨 (Francine Patterson, 1947~)
고릴라에게 수화를 가르쳐 대형 유인원의 언어 능력을 시험한 미국의 동물학자, 발달심리학자. 1972년부터 스탠퍼드 대학에서 마이클과 코코라는 고릴라 두 마리에게 간단한 수화를 가르쳤다. 1976년에 '고릴라 재단'을 세워 고릴라를 위해 활동하고 있다.

항해자 한노 (Hanno the Navigator, 기원전 약 5, 6세기~?)
기원전 450년경의 도시 국가 카르타고의 제독이자 탐험가. 60척의 함대를 이끌고 아프리카 북서부 해안을 항해했다. 이때 한노 일행은 '고릴라이' 수컷을 잡으려고 했지만 암컷 세 마리만 잡았고, 너무 사나워서 모두 죽였다고 전해 온다.

토머스 새비지 (Thomas Staughton Savage, 1875~1880)
영국의 의사, 생물학자. 1846년 아프리카 라이베리아에 선교사로 파견되었을 때 고릴라의 두개골과 뼈를 얻었고, 제프리스 와이먼과 함께 분석했다. 이듬해 보스턴 자연사 협회(지금의 보스턴 과학박물관)에서 '트로글로디테스 고릴라(Troglodytes gorilla)'라고 고릴라를 소개했다.

제프리스 와이먼 (Jeffries Wyman, 1814~1874)
미국의 박물학자, 해부학자. 1846년 토머스 새비지와 함께 고릴라를 과학적으로 처음 분석했다.

리처드 오언 (Richard Owen, 1804~1892)
영국의 비교해부학자, 고생물학자. 비교해부학 교수로 학생들을 가르치다가 1856년부터 1860년까지 대영 박물관 관장을 지냈다.

폴 뒤 샤이 (Paul Belloni Du Chaillu, 1831?~1903)
최초로 야생 고릴라를 만나 서구에 소개한 탐험가. 1856년부터 아프리카에서 탐험을 시작했고, 총으로 사냥한 고릴라들을 런던 자연사 박물관에 팔았다.

장 바티스트 라마르크 (Jean Baptiste Lamarck, 1744~1829)
'무척추동물'과 '생물학'이라는 용어와 개념을 창시한 프랑스의 박물학자. 1801년에 환경이 변하면 생물이 변화한다는 진화론을 구상하기 시작했고, 1809년에 진화론을 발표했다.

찰스 다윈 (Charles Robert Darwin, 1809~1882)
'공통 조상' 개념을 주장하며 생물 진화론을 정립한 영국의 생물학자. 1856년부터 진화론에 대한 자료 정리와 집필을 시작해서 1858년에 논문으로 발표했다. 이듬해 이 내용을 책으로 펴냈는데 출간 당일에 매진될 정도로 커다란 관심을 끌었다. 다윈의 진화론은 생물학계에 큰 영향을 끼쳤다.

조지 섈러 (George Beals Schaller, 1933~)
미국의 포유동물학자, 자연 보호 활동가. 고릴라, 사자, 자이언트 판다 등 멸종 위기에 처한 동물과 잘 알려지지 않은 야생 동물을 주로 연구했다. 1959년부터 아프리카 콩고에서 고릴라를 관찰했다. 1963년에 마운틴고릴라가 잔인한 맹수가 아니라는 사실을 세상에 처음 알렸다.

다이앤 포시 (Dian Fossey, 1932~1985)
고릴라 연구에 평생을 바친 미국의 동물학자. 1967년부터 아프리카에 머무르며 카리소케 연구 센터를 세워 고릴라를 연구했다. 고릴라 기금을 설립해 고릴라를 보호하는 데 전력을 다했고, 1983년에 《안개 속의 고릴라》 책을 펴내 고릴라의 생태와 위기 상황을 알렸다.

아리스토텔레스 (Aristoteles, 기원전 384~기원전 322)
고대 그리스의 철학자. 수학, 물리학, 천문학, 생물학, 해부학, 논리학, 정치학 등 다양한 학문에 정통했다. 알렉산더 대왕을 가르친 일화가 유명하다. 생물의 형태나 생태를 체계적으로 연구해 유럽 박물학의 토대를 마련한 최초의 박물학자로도 평가받는다.

칼 폰 린네 (Carl von Linné, 1707~1778)
오늘날 우리가 사용하는 생물분류법의 기초를 확립한 박물학자. 생물 분류학의 아버지라고도 불린다. 진화론이 등장하기 전, 생물의 특성에 기초한 분류법을 만들었다. 모든 식물을 속명과 종명, 두 가지 이름을 붙여 분류하는 '이명법'을 창안했다.

찰스 도슨 (Charles Dawson, 1864~1916)
영국의 아마추어 고고학자. 영국 서식스주의 필트다운에서 변호사로 지내며 고고학을 연구하던 중 유인원에서 인류로 넘어오는 중간 단계 원인의 두개골을 발굴했다. 발견된 두개골 화석은 발견자의 이름을 따서 'Eoanthropus Dawsoni(에오안트로푸스 도스니)'라는 이름을 붙였다. 그러나 1953년에 과학적으로 분석한 결과 조작된 화석으로 밝혀졌다.

루이스 리키 (Louis Leakey, 1903~1972)
영국의 인류학자. 고생물학자. 1931년부터 탄자니아의 올두바이 계곡을 발굴하기 시작하여 큰 성과를 거두었다. 1959년에 176만 년 전에 살았던 것으로 추정되는 가장 오래된 원인의 머리뼈를 발견했고, 1963년에는 '호모 하빌리스(Homo habilis)'의 화석을 발견하여 인류의 기원이 기존에 알려진 것보다 훨씬 오래되었다는 학설을 발표했다.

제인 구달 (Jane Goodall, 1934~)
평생 침팬지를 연구한 영국의 동물학자. 1960년 탄자니아 곰베에서 야생 침팬지들을 연구하며 50년이 넘는 세월을 침팬지와 함께했다. 1986년부터 탄자니아를 떠나 세계 곳곳을 여행하면서 멸종 위기 동물의 서식지 보호와 환경 보호를 촉구하고 있다.

비루테 갈디카스 (Birutė Marija Filomena Galdikas, 1946~)
오랑우탄 연구 분야의 권위자. 대학원에서 인류학을 공부하던 중 루이스 리키를 만나 유인원 연구에 뛰어들었다. 1971년부터 보르네오에서 오랑우탄 연구를 시작하여 30년 동안 연구에 몰두했다. 서식지 파괴와 밀렵으로 고아가 된 오랑우탄을 야생으로 돌려보내는 훈련과 열대 우림 보존 운동을 펼쳤다. 현재 고고학 교수이며, 오랑우탄 재단 국제 회장으로 활동하고 있다.

에른스트 슈바르츠 (Ernst Schwarz, 1889~1962)
독일의 동물학자. 1928년, 벨기에 브뤼셀의 박물관에서 어린 침팬지라고 소개된 표본을 보고 의문을 품었다. 연구 끝에 새로운 종류의 침팬지를 발견했다고 발표했다. 이 표본은 침팬지의 아종으로 여겨졌으나 후에 '보노보'라는 별개의 종임이 밝혀졌다.

〈도서 및 방송 자료〉

斎藤成也, 『絵でわかる人類の進化』, 講談社, 2009
眞 淳平, 『人類が生まれるための12の偶然』,
　　　岩波ジュニア新書, 2009
杉山幸丸 編集, 『人とサルの違いがわかる本』, オーム社, 2010
長谷川眞理子, 『進化とはなんだろうか』,
　　　岩波ジュニア新書, 1999
山際寿一, 『ゴリラ図鑑』, ぶんけい, 2008
山際寿一, 『ゴリラ雑学ノート』, ダイヤモンド社, 1998
Desmont Morris, 『PLANET APE 類人猿』,
　　　日経ナショナルジオグラフィック社, 2010
Francine Patterson, 『ココ―ゴリラと子ネコの物語』,
　　　あかね書房, 2002
戸川幸夫, 『ゴリラの山に生きる―ダイアン・フォッシー物語』,
　　　金の星社, 1988
ダイアン・フォッシー
　　『霧のなかのゴリラ―マウンテンゴリラとの13年』,
　　　早川書房, 1986
Dian Fossey 『霧のなかのゴリラ』, 早川書房, 1986
「NATIONAL GEOGRAPHIC」 2017년 9월호
TV프로그램 〈"老人"パワーだ! チンパンジー〉, 일본, 2008

〈사진 자료 출처〉

p.24 폴 뒤 샤이의 여행기에 실린 고릴라 그림
ⓒwikimedia commons
p.27 다윈의 캐리커처가 실린 잡지 표지
ⓒwikimedia commons
p.38 고릴라 ⓒwikimedia commons
p.49 서부로랜드고릴라, 크로스강고릴라, 마운틴고릴라, 동부로랜드고릴라 ⓒwikimedia commons
p.101 다이앤 포시의 무덤 ⓒshutterstock
p.114 보노보 ⓒwikimedia commons